TOURIA TIOULI

BRISÉE

En prison à Dubaï pour avoir été violée

Michel LAFON

7-13, bd Paul-Émile-Victor, Île de la Jatte,
92521 Neuilly-sur-Seine Cedex

À mon fils, mon grand amour.
À toutes les femmes abusées...
Osez dénoncer vos agresseurs !

1

Un anniversaire à Dubaï...

Musique, danse du ventre, lumières feutrées... Je sirote mon verre. Dubaï, 14 octobre 2002. Demain, c'est mon anniversaire, je vais avoir trente-neuf ans. Je n'avais pas envie de passer la soirée seule dans ma chambre d'hôtel. Dans les émirats du Golfe, lors de mes quatre précédents séjours pour raisons professionnelles, j'ai sympathisé avec le gérant de la boîte de nuit dans laquelle je me trouve cette nuit-là. Je n'ai pas lieu de m'inquiéter, même si trois jeunes hommes attablés derrière moi – âgés tout au plus d'une vingtaine d'années – m'apostrophent tout à coup en arabe, sans raison apparente. De nationalité française mais d'origine marocaine, je n'ai aucun mal à saisir le sens de leurs propos, quelque peu agressifs. Choquée par leur attitude, je me retourne alors. Deux d'entre eux sont habillés à l'européenne, le troisième porte la *dashdasha*, la robe blanche des Émiriens.

– Vous ne me connaissez pas : pourquoi m'insultez-vous ?

Je suis d'un tempérament plutôt sociable mais je n'aime pas qu'on me marche sur les pieds.

Le gérant de la boîte de nuit, à qui la situation n'a pas échappé, s'approche afin de calmer les trois hommes et leur explique qui je suis : une Française travaillant pour le consulat. Les jeunes gens – contrits – se radoucissent alors, et l'un d'eux se lève même afin de me présenter ses excuses. Des excuses que j'accepte car, de mon côté, l'incident est clos. Tout le monde a droit à l'erreur. Cependant, je ne peux m'empêcher de m'interroger sur leur étrange comportement. Peut-être ont-ils été décontenancés et choqués de voir une femme seule dans un night-club. Pourtant, quoi d'étonnant à cela ? Chaque mardi soir, à Dubaï, les soirées *ladies free* – consommation gratuite pour les filles non accompagnées – ne sont-elles pas le signe d'une certaine ouverture d'esprit ?

La loi coranique sait se faire discrète ici, voire feutrée, et la ville offre aux touristes un visage plutôt tolérant. Mieux encore : un visage tourné vers le futur. Un futur plus délirant, plus extravagant même qu'aux États-Unis, à tel point que les buildings semblent à deux doigts de toucher le ciel. La technologie s'affiche à tous les coins de rue. Dubaï représente aux yeux de beaucoup un carrefour entre deux cultures – occidentale et orientale – qui permet, lorsqu'on est beur par exemple, de ne pas perdre ses repères. J'ai vu le jour à Casablanca, mais j'ai vécu la moitié de ma vie à Paris. Française par choix, j'ai quand même l'impression d'être toujours d'ailleurs. L'Arabe en France, l'émigrée au Maroc. Mais à Dubaï, l'écrasante majorité de la population – quatre-vingts pour cent dit-on – est étrangère. Dans la capitale, je suis comme les autres. Dans la norme.

Je me sens tellement bien ici que j'envisage de m'y installer définitivement avec mon fils, âgé de onze ans. Pour le moment, mon séjour dans les émirats est destiné à remplir une mission commerciale en relation avec le poste d'expansion économique du consulat de France. Mon travail quotidien consiste à relever méthodiquement les prix des produits de luxe pratiqués dans les duty-free des aéroports internationaux de la région, en vue d'études comparatives. Une tâche que ma connaissance de l'anglais et de l'arabe me permet de mener à bien. Il est même question d'étendre mes activités à tout le Proche-Orient.

Non, vraiment, je ne comprends pas ce que mon attitude – somme toute banale – a de répréhensible. À moins qu'il n'y ait eu erreur sur la personne. Les trois hommes m'auraient-ils pris pour une prostituée ? Mes origines, facilement décelables pour qui a l'habitude, n'ont pas dû jouer en ma faveur. À Dubaï, les filles de joie ne manquent pas. Évoluant au milieu des touristes, portant minijupes et fumant aux terrasses des cafés, elles viennent du monde entier vendre leurs charmes dans les allées des centres commerciaux ou dans les rues de la ville. Elles viennent du monde entier mais surtout du Maroc, et je suis marocaine d'origine.

*
**

Vers trois heures du matin, il est grand temps pour moi de rentrer et de retrouver ma chambre d'hôtel. Alors que je cherche un taxi, les trois jeunes gens se précipitent vers moi et me proposent de me raccompagner. Ils insistent. Rien à voir avec leur attitude méprisante de tout à l'heure. Ils se montrent charmants.

– Pour être certains que tu nous as pardonné, que tu ne nous en veux pas...

Après tout... pourquoi pas. Il est tard et je suis fatiguée. Ces hommes m'ont fait leurs excuses, le responsable de la boîte de nuit leur a parlé. Je n'ai apparemment aucune raison de me méfier. Ce n'est pas dans ma nature. Confiante, je monte dans leur voiture.

D'aucuns diront que je me suis montrée naïve, voire stupide. Les réflexions autour de moi, après le drame, n'ont pas manqué : « Mais comment a-t-elle pu se laisser berner aussi facilement ? » Ce serait donc ma faute... Quel argument puis-je avancer pour ma défense, si ce n'est que je ne vois pas le mal partout ? Peut-on m'en vouloir d'avoir osé penser que tous les hommes ne sont pas des salauds ?

La voiture démarre. Rapidement, j'ai la sensation que quelque chose ne va pas. Les trois jeunes chuchotent, comme s'ils cherchaient à cacher leurs véritables intentions. Immédiatement, je leur pose la question. Où m'emmènent-ils ?

– On va juste acheter quelques sandwichs. Ensuite, on te raccompagne.

Des sandwichs ? En pleine nuit ? Beaucoup de magasins ont beau être ouverts vingt-quatre heures sur vingt-quatre, l'explication me semble étrange. Je me sens prise au piège sans vouloir y croire vraiment. Non... Ces choses-là n'arrivent que dans les films, n'arrivent qu'aux autres, mais pas à moi... La tension monte. Je n'ose encore imaginer le pire. Je tente de chasser de mes pensées le fait qu'ils pourraient avoir dans l'idée de me... Pour me rassurer, je m'empare soudain de mon portable en guise de bouée de secours. Je n'ai absolument aucune idée du numéro de la police mais je peux toujours essayer de les impressionner.

Sans résultat.

Si au moins je pouvais leur échapper... Ils ne m'ont pas encore touchée mais, à présent, je suis certaine d'être leur prisonnière. L'un d'eux vient de téléphoner et a précisé à son interlocuteur : « Quand on aura fini avec elle, ce sera ton tour d'en profiter. » Le message est tout à fait clair.

Le quatre-quatre dans lequel ils m'emmènent n'a que deux portes avant. Et je me trouve à l'arrière. Aucune issue de secours de ce côté-là. Dans le cas contraire, j'aurais pu détacher ma ceinture de sécurité et me jeter sur la route. Opération risquée mais beaucoup moins atroce que le sort qui m'est réservé. Je suis morte de peur. Mes pensées vont vers mon fils. Que va-t-il devenir sans moi, si ces trois hommes me tuent ? Qui saura où je me trouve ? Chaque jour des centaines de jeunes femmes sont enlevées et torturées de par le monde. Qui se soucie d'elles ?

Soudain le véhicule, après avoir traversé un quartier résidentiel à la sortie de Jumeira, bifurque sur la droite, dans une ruelle sombre. Le propriétaire de la maison devant laquelle ils stoppent enfin se précipite afin de leur ouvrir le garage puis disparaît aussi vite qu'il est apparu. Sait-il ce qui m'attend ? Est-il complice lui aussi ?

Dans le salon où je suis traînée de force, ce sera à qui abusera de moi le premier. On me traite de tous les noms avant de me lâcher un :

« Ce soir, tu vas comprendre ce que sont les hommes » qui me fait froid dans le dos. En larmes, je les supplie un à un de m'épargner. Je sors mon passeport de mon sac, la carte du consulat... Tout pour leur prouver que je ne suis pas une prostituée, que je ne suis pas celle qu'ils croient avoir embarquée. Avec le recul, j'admets avoir bénéficié d'une toute petite, toute petite chance dans mon malheur, car ces hommes auraient très bien pu s'emparer de mes papiers et me déposséder ainsi non seulement de ma féminité, mais aussi de mon identité.

– Je suis mariée !

C'est tout ce que je trouve à dire en ma faveur. Mais les trois hommes se fichent pas mal de mon état civil.

– Je suis enceinte !

C'est faux, évidemment, mais il faut bien que j'abatte ma dernière carte. J'ose espérer que, dans leur aveuglement, il reste à mes futurs agresseurs une lueur d'humanité.

Même pas...

*
**

Huit heures du matin. En entendant mes pleurs et mes cris, le propriétaire de la villa intervient. Pourquoi n'arrive-t-il que maintenant ? Était-il dans la maison alors que les agresseurs abusaient de moi ? Pourquoi ne les a-t-il pas empêchés de me violer ? Autant de questions qui tournent dans ma tête sans que je puisse y apporter une réponse claire. Pourtant, lorsque les trois hommes font mine de vouloir m'emmener à nouveau, le propriétaire s'interpose et les chasse avant de me raccompagner à mon hôtel. C'est à n'y rien comprendre.

Pendant le trajet, alors que je garde le silence – je me sens sale et j'ai honte – cet homme me dit ne pas saisir la raison de tant de violence à mon égard. Cela fait trois mois qu'il fréquente une jeune fille et ils n'ont encore échangé aucune caresse, aucun baiser. De quoi me laisser encore plus désemparée.

Souillée, je n'ai plus qu'une idée en tête : me laver et me laver encore. Je me précipite à la pharmacie pour acheter des produits désinfectants et prends cinq douches de suite. Ce qui n'empêche pas l'angoisse de m'étreindre. Et si mes agresseurs étaient porteurs du virus du sida ? À la douleur d'avoir été bafouée et peut-être contaminée s'ajoute une interrogation lancinante : pourquoi moi ?

Dans l'islam, il est dit que seuls les gens sains sont touchés par les épreuves, afin de tester leur foi, et que si Dieu ferme une porte c'est pour en ouvrir dix autres. Comme tout être humain désireux de s'en remettre à quelque chose de plus grand que lui, je crois. Mais aujourd'hui, la force de mes convictions religieuses est remise en cause. Je suis fâchée avec Dieu. Je lui tourne le dos.

Dans l'après-midi, je décide de porter plainte contre mes agresseurs. Il est impensable que je me taise plus longtemps. Je n'imagine pas une seconde que ces aveux puissent se retourner contre moi. Après tout, je suis la victime.

Une folle machine se met alors en marche. Deux jours plus tard, je suis incarcérée à la maison d'arrêt pour « relations sexuelles hors mariage ». Moi, la victime, je me retrouve accusée ! Moi, l'étrangère, la musulmane, j'ai osé me dresser contre des Émiriens !

À Dubaï, tout va bien tant que vous n'avez pas de problèmes. Au moindre accroc, tout bascule et la situation se retourne contre vous. Un Émirien n'a jamais tort, qu'on se le dise ! La justice, l'Administration, l'autorité donneront toujours raison à la population locale.

Dubaï la flamboyante n'est à présent qu'un brasier dans lequel on vient de me jeter. Brûlée aux flammes de ce que je croyais être le paradis, je ne suis plus qu'une blessure béante que personne ne songe à panser.

Au contraire...

2

La tentation saoudienne

Que me reste-t-il de ma petite enfance au Maroc ? Des souvenirs ensoleillés du quartier Mâarif de Casablanca où nous habitions, maman et moi, dans un modeste appartement à deux pas de mon école. Un quartier plutôt résidentiel rassemblant essentiellement des Français et des Espagnols. Je garde en mémoire le marché, qui n'avait rien à voir avec les souks traditionnels que l'on trouve souvent dans les pays arabes. Sur les étals, fromage et charcuterie en provenance de l'Hexagone se disputaient la place. J'aimais cette atmosphère particulière mêlant plusieurs nationalités différentes.

Ma mère, d'origine marocaine elle aussi, contrairement à la tradition, n'a pas élevé de famille nombreuse. Je suis sa seule fille, de parents divorcés qui plus est. Dans les années soixante – je suis née le 15 octobre 1963 – c'était plutôt mal vu. Encore aujourd'hui, d'ailleurs. La tradition, chez nous, ne pardonne pas aux femmes une certaine forme d'émancipation.

Maman n'a rien à voir avec la musulmane telle qu'on veut bien nous la montrer, réduite à sa plus simple expression : mère au foyer. Je n'ai rien contre, quoi de plus merveilleux que d'élever soi-même ses enfants ? Mais cela doit-il nous empêcher d'accéder à la liberté ? Celle de travailler, par exemple ? Ou bien celle de ne pas être comme les autres ? Maman n'est pas une femme comme les autres. Le fait que je n'aie ni frère ni sœur en est un bel exemple. Le fait qu'elle ait obtenu son diplôme d'infirmière et qu'elle ait divorcé de mon père alors que je n'avais que trois mois en sont deux autres. Si elle n'avait pas étudié, que serait-elle devenue après cette séparation ? Maman aurait probablement dû épouser un autre homme afin de subvenir à nos besoins. Aussi étonnant que cela puisse paraître, elle n'a jamais émis le souhait de se remarier. Son désir d'indépendance, primordial à ses yeux, y est sans doute pour quelque chose. Ajoutez à cela une certaine propension à vouloir diriger d'une poigne de fer son petit monde, dont je faisais partie...

Nos relations, bien entendu, n'ont rien à voir avec celles d'une mère et d'une fille ayant eu un époux et un père à la maison. Disons que maman a dû jouer, par la force des choses, les deux rôles parentaux à la fois. Son autorité naturelle – parfois pesante – et son désir de me protéger – parfois étouffant – ont créé entre nous des liens forts, dont je ne peux me détacher mais qui, de par leur côté excessif et fusionnel, n'ont pas été et ne sont toujours pas faciles à gérer. La présence d'un homme entre nous aurait sans doute été bénéfique mais mon père n'a pas voulu assumer ses responsabilités. Les choses ont été claires dès le début : il ne s'est jamais occupé de moi. Les liens n'étaient pas rompus entre ma mère et lui, mais de là à me faire sauter sur ses genoux... Je le voyais de temps à autre lors de week-ends passés chez mes tantes et mes oncles. J'aimais ces fins de semaine où je jouais dans la rue avec mes cousins, en bas de l'immeuble, dans une totale liberté.

Mon père, dans ces moments-là, n'exprimait ni joie ni rejet. Juste une belle indifférence... Évidemment, j'étais fière de lui, d'une certaine manière, puisque le titre de « papa » valait à lui seul un brin d'admiration. Mais les années passant, j'ai réalisé à quel point cet homme était sans cœur. Il n'avait d'amour pour personne, si ce n'était pour lui-même. J'ai pourtant essayé de passer outre, de créer un contact. Peine perdue. Au fil du temps, j'ai appris à faire sans lui.

Non sans douleur et regret.

J'ai passé une grande partie de ma scolarité chez les sœurs. Une musulmane chez les catholiques... Maman en avait décidé ainsi pour deux raisons : d'abord parce que sa situation de famille – une femme élevant seule son enfant – n'était pas, à proprement parler, évidente à assumer. Être entourée d'Occidentaux lui permettait sans doute de me protéger de certaines réflexions ou de quelques sarcasmes provenant de sa communauté. Le côté pratique n'était également pas à négliger. Maman travaillait et, de ce fait, ne pouvait s'occuper de moi à temps plein. Or, à cette époque, les écoles catholiques accueillaient les enfants plus tôt que les écoles musulmanes, c'est-à-dire dès l'âge de sept ans.

Je ne garde que de bons souvenirs de cette période où l'on m'a inculqué de vraies valeurs, comme la politesse et le respect, entre autres. Les sœurs étaient sévères, elles attendaient de nous que nous nous pliions aux règles établies, mais elles se montraient justes et acceptaient tout à fait que certains enfants pratiquent une autre religion que la leur. Ainsi, j'ai pu faire le ramadan sans que cela pose le moindre problème.

Maman ne m'a jamais élevée dans la religion pure et dure. Elle en parlait peu. Pour ainsi dire jamais. On ne m'a donc transmis aucun précepte dans ce domaine. Je n'ai jamais vu maman prier. C'était plus un état d'esprit, une manière de faire, avec des notions de partage notamment. Pourtant, j'étais la plus pieuse de la famille. Je priais souvent le soir pour que mes parents soient de nouveau réunis, ou bien alors dans l'espoir de réussir mes études.

Pour maman, comme pour moi à présent, il y a cette force supérieure qui nous guide et qu'on appelle Allah ou Dieu. Point final. Peu importe finalement qu'Il soit d'ici ou d'ailleurs. Je suis musulmane et pourtant il m'arrive de me recueillir dans des églises. En revanche, chez nous, la tradition du ramadan est respectée. Par solidarité envers ceux qui souffrent et qui ont faim.

Normalement, les enfants ne doivent pratiquer le jeûne qu'à la puberté : c'est lorsqu'on devient un homme ou une femme qu'on peut être jugé à travers ses actes. Mais moi, j'avais hâte de faire mon entrée dans le monde des grands. D'autant que j'étais favorisée par rapport aux autres. Mon jeune âge – je devais alors avoir six ou sept ans – m'octroyait des privilèges tels que boire, dès la tombée de la nuit, un grand verre de lait frais ou de jus de fruits en période d'abstinence. J'étais celle dont on devait s'occuper tout particulièrement. Bien sûr, j'étais encore trop petite pour faire le ramadan plus d'un mois d'affilée mais deux ou trois jours de jeûne, chaque année, suffisaient à me donner l'impression de grandir plus vite que les autres.

Participer aux tâches ménagères me permettait également de me faire accepter des adultes. Nous avions pourtant une employée à la maison, une jeune fille adorable à laquelle j'étais très attachée. Au Maroc, avoir du personnel n'a pas de rapport avec le statut social.

Une famille, même modeste, peut s'offrir les services d'une aide ménagère.

En sa compagnie, je préparais souvent le pain ainsi que les repas avant l'arrivée de maman, le soir.

Bien entendu je ne déjeunais pas à la cantine de l'école, puisqu'il y avait quelqu'un chez nous. Une fois, pourtant, poussée par l'envie de goûter à la cuisine française, je ne suis pas rentrée à la maison. Je suis allée trouver une des sœurs et lui ai affirmé, en la regardant droit dans les yeux :

– N'ayez crainte, ma mère est au courant, elle sait que je reste ici à midi.

Quel aplomb ! Ni ma mère ni personne n'était au courant, bien sûr. Je n'étais pourtant pas menteuse. Enfin, je crois... Ce dont je me souviens parfaitement, en revanche, c'est de la facilité avec laquelle je me faisais avoir. Je n'ai jamais oublié la fois où l'une de mes camarades de classe m'a demandé de lui prêter les deux bracelets en or que j'avais reçus en cadeau pour mon anniversaire.

– Je te les rendrai demain, m'a-t-elle annoncé, toute souriante...

Elle pouvait sourire, en effet... Car je ne les ai jamais revus.

Avec l'âge, je ne me suis pas endurcie. Bonne poire je suis, bonne poire je resterai. Il n'y a pas si longtemps encore, j'ai trouvé une montre sur le toit d'une voiture. Ne sachant pas à qui elle appartenait, j'ai frappé aux carreaux de la maison qui se trouvait juste en face, sur le même trottoir.

– Ce bijou vous appartient-il ?

Le monsieur qui venait d'ouvrir la fenêtre m'a fixé avec des yeux ronds comme des billes.

– Ma Rolex en diamants ! s'est-il exclamé, apparemment étonné de retrouver un objet qui lui avait coûté trente mille francs, selon ses dires.

D'autres que moi auraient sans doute glissé la montre dans leur poche. Je ne suis pas ainsi. J'ai d'autres défauts mais pas celui de m'approprier ce qui ne m'appartient pas.

*
**

À l'âge de treize ans, adieu Casablanca ! J'ai dû quitter le Maroc pour suivre maman à Paris. Ce déménagement ne fut pas à proprement parler une entrée en territoire inconnu car nous allions toutes deux, chaque année, passer les vacances en Europe. Nous traversions alors l'Espagne et la France et achevions notre périple en Hollande où vivait mon oncle, le frère aîné de ma mère. Au fur et à mesure de nos divers séjours, maman est finalement tombée amoureuse de l'Hexagone et nous sommes venues nous installer dans les Hauts-de-Seine. Le fait qu'une partie des amies de ma mère se soient exilées en France a pesé dans la balance, c'est évident. Arrivée sur place, maman a tout de suite suivi une formation complémentaire – en tant que garde-malade – avant de travailler avec l'Association des paralysés de France, jusqu'au jour où son état de santé l'a obligée à interrompre son activité professionnelle.

Cet exil s'est révélé extrêmement difficile pour la jeune adolescente que j'étais : j'avais quitté mon quartier, mes copines, la ville blanche, et la mer aussi. Au Maroc, je vivais dans un cocon, entourée de ma mère et de notre employée. En France, il a fallu que j'apprenne à me débrouiller seule. Lorsque maman était absente, il n'y avait plus personne pour m'accueillir, me préparer les repas, voire simplement bavarder un instant avec moi. Du jour au lendemain, j'ai dû assumer la transition sans me plaindre. Maman, bien qu'attentive, ne s'est pas attardée sur mes états d'âme. Pendant deux ans, j'ai ainsi vécu sur un mode plutôt nostalgique... et solitaire. Casablanca et les souvenirs qui s'y rattachaient me manquaient. Mais, le temps aidant, j'ai fini par découvrir les charmes de la vie parisienne et par m'y adapter. Ici je pouvais sortir, aller au cinéma et faire du shopping avec mes amies. Le lèche-vitrines était une de mes activités favorites et je ne m'en privais pas. Combien de fois ai-je arpenté l'avenue des Champs-Élysées dans le simple but de regarder les vitrines ou d'aller déjeuner chez Burger King !

⁂

– Vous, là-bas !

Qui ? Moi ? J'ai bien l'impression que cette jeune femme me fait signe mais je ne la connais pas. Mes amies non plus. Je me retourne alors pour voir s'il n'y a pas erreur sur la personne. La situation est étrange : je me trouve dans une des plus belles galeries des Champs, devant un magasin commercialisant des tenues plus merveilleuses les unes que les autres, lorsque tout à coup une des clientes du magasin – je ne l'ai su que par la suite car, sur le moment, j'ai d'abord cru qu'il s'agissait d'une vendeuse – m'interpelle en me pointant du doigt.

– Vous parlez l'arabe ? me demande-t-elle alors.

La jeune femme, brune, splendide et fort élégante, m'explique rapidement ce qu'elle attend de moi. Le personnel du magasin ne parle pas sa langue. Elle a donc besoin d'aide pour s'expliquer sur ses choix et faire ses achats. C'est avec plaisir que je lui rends ce service. Notre rencontre aurait normalement dû en rester là.

Normalement...

La conversation s'engage rapidement entre la jeune femme et moi. J'apprends, au cours des quelques instants que nous passons ensemble, qu'elle vient d'Arabie saoudite, où elle occupe le rang de princesse. Je suis très impressionnée sans toutefois réaliser tout à fait ce que ce titre représente réellement. Ce qui m'importe avant tout est que le courant passe bien entre nous.

Et nous allons nous revoir ! Elle m'invite chez elle de plus en plus souvent, et peu à peu nous devenons amies. Un jour, elle me présente son frère, qui arrive d'Arabie saoudite.

J'en tombe immédiatement amoureuse. Le coup de foudre est réciproque, je crois. Cet homme me plaît terriblement, d'autant qu'il n'a absolument pas la mentalité sectaire de certains musulmans. Élevé au États-Unis, mon beau Saoudien est souple et tolérant. La preuve : il accepte que ses sœurs parlent librement, devant lui, de leurs petits copains respectifs. Si ce n'est pas un signe d'ouverture d'esprit...

Lorsque mon prince charmant repart en Arabie, je me mets à rêver de lui chaque soir... Et lorsque mon amie me propose de venir visiter son pays, je saute de joie ! Retrouver mon bel amour... Je n'hésite pas. Maman, qui a fait sa connaissance et l'a jugé très bien, me donne son assentiment pour ce voyage. Mais le problème est que, pour les Saoudiens, je suis encore mineure. Nous sommes en 1982 et j'ai pourtant dix-neuf ans. Seulement, au regard de la loi islamique, une femme n'est considérée comme majeure qu'une fois mariée. Si par malheur elle vient à divorcer, retour à la case départ : elle se retrouve mineure !

Pour ce voyage, donc, la tâche principale consiste à réunir une masse impressionnante de documents officiels me permettant de partir seule. De quoi décourager les plus audacieux... Après d'innombrables et fastidieuses démarches, et juste avant de recevoir mon visa d'entrée pour l'Arabie saoudite, je suis convoquée par le consul qui tient à me poser quelques questions... Qu'est-ce qu'une jeune fille de mon âge va faire toute seule à Riyad ? Je lui explique alors mon amitié avec la jeune princesse. Il semble que le sésame ait fonctionné : j'obtiens mon visa. Je vais enfin pouvoir découvrir le royaume de l'élu de mon cœur !

*
**

L'Arabie... quel enchantement ! Éblouie, je savoure mes promenades dans de superbes marchés à la décoration fastueuse. Le souk de l'or, en particulier, me fascine avec ses vitrines étincelantes et ses murs couverts de bijoux. Je suis comme une petite fille égarée dans un magasin de jouets ! J'ai surtout retrouvé mon bel amour et il semble que nos sentiments soient de plus en plus forts, même si le voyage se révèle trop court à mon gré.

De retour à Paris, je passe ma vie au téléphone ! Mon compagnon vient me voir régulièrement. À mon tour je lui rends visite... jusqu'au jour où mon rêve devient réalité. Il me demande en mariage. Je suis folle de joie à l'idée de passer le reste de ma vie à son côté. Mon futur mari a dix ans de plus que moi. Cette différence d'âge me convient parfaitement. Avec lui, j'ai la sensation qu'il ne pourra rien m'arriver. Son attitude protectrice me rassure. Tout ce que mon père ne m'a pas donné m'est rendu au centuple par cet homme à qui je dis oui.

Oui, je veux me marier.

Mon père a reçu au Maroc, par l'intermédiaire de maman, la demande officielle de mariage. Le ministère des Affaires étrangères, basé à Riyad, a même été consulté. En raison du statut particulier de mon fiancé, les services saoudiens doivent donner leur accord, après enquête sur ma famille et sur moi-même, bien entendu.

Au nom de l'amour, je suis prête à aller vivre dans ce pays afin d'y construire notre avenir. Sur le moment, je ne suis pas vraiment consciente de ce qui m'attend là-bas. L'Arabie saoudite subit – et continue de subir – la loi islamique la plus absolue. Le pays vit sous la coupe d'une religion fermée à tout loisir, à tout plaisir : l'alcool est rigoureusement interdit et les femmes doivent obligatoirement porter le voile. Même au sein des familles aisées, ces codes semblent être scrupuleusement respectés. La promiscuité entre les deux sexes étant prohibée, une maison est réservée aux hommes, une autre aux femmes, et les rencontres se déroulent avec les parents dans un troisième lieu où, dans l'intimité du cercle familial, les dames peuvent enfin retirer leur voile.

Certaines règles sont pourtant facilement contournées. Les femmes n'ont pas le droit de conduire ? Pour pouvoir prendre le volant, j'en ai vu certaines se déguiser en portant la longue robe blanche des mâles saoudiens ! Quant à l'alcool, les hommes profitent de leurs voyages en Europe pour acheter les plus grosses bouteilles de parfum ou d'eau de toilette, avec une prédilection pour celles de deux litres. Ces élixirs, officiellement destinés à leurs épouses, finissent en réalité en apéritif, avec quelques glaçons pour faire passer le tout. Qu'importe le flacon, pourvu qu'on ait l'ivresse !

Évidemment, des lois aussi restrictives ne facilitent pas la vie des autochtones mais au moins là-bas les règles sont-elles claires. On ne cherche pas, comme à Dubaï, à vous en mettre plein la vue afin de camoufler, derrière une vitrine apparemment alléchante, un islam sectaire, peu enclin à défendre le droit des femmes. Pourtant, si on interprète le Coran à la lettre, Allah est pour la paix entre les sexes. Qu'on me montre les textes stipulant que les femmes doivent être maltraitées, violentées, torturées ou punies pour des actes qui ne relèvent que de la dignité humaine. Qu'on me les montre...

En Arabie saoudite, la rigueur de l'islam est visible de tous. Pas franchement le droit de s'amuser. Mais, en même temps, l'honneur de la femme est respecté, voire défendu. Lorsque je me rendais au souk, par exemple – accompagnée en voiture par le chauffeur de mon amie –, j'étais certaine de ne rien avoir à craindre. Si un homme avait le malheur de m'importuner, nul besoin d'élever la voix, nul besoin de vociférer. Il me suffisait d'ôter un de mes mocassins et de l'agiter au-dessus de ma tête. Aussitôt, les religieux des Brigades de la vertu se ruaient sur l'agresseur.

Ah ! S'il avait suffi que je brandisse ma

chaussure pour éloigner mes trois agresseurs, cette fameuse nuit du 14 octobre 2002...

*
**

À l'époque de mon histoire d'amour, je ne me rendais probablement pas compte des dégâts provoqués par un islam détourné de sa véritable éthique. Je vivais alors en France, dans un milieu suffisamment compréhensif pour pratiquer cette religion à bon escient.

Aujourd'hui, mon regard a changé. L'islamisme, on le sait, s'est développé dans l'intolérance et la violence. Les terroristes brandissent leur croyance dans le but de commettre des massacres que rien ne justifie et s'abritent derrière un fanatisme qui ne ressemble aucunement à la foi que je connais.

Si je m'étais installée définitivement en Arabie saoudite, peut-être aurais-je fini par prendre conscience que ce royaume n'a rien à envier aux autres pays musulmans, lesquels s'emparent de vos droits les plus légitimes pour vous déclarer une guerre psychologique de tous les instants. Mais, n'ayant pratiqué le pays qu'en tant que touriste, le contraste avec le monde occidental n'était pas pour me déplaire.

Cependant, une certaine réalité aurait dû m'alerter. Tous les vendredis, la population avait le droit d'assister à l'exécution publique des condamnations prononcées par les tribunaux avec, en prime, la terrible litanie des peines appliquées : tel voleur aura la main coupée, tel autre sera lapidé... Je ne suis pas fière d'avoir voulu, un jour, assister à l'une de ces scènes d'un autre âge. Mais, une fois sur place, me faire complice de pareilles atrocités m'a finalement répugnée et je suis repartie avant que ne commence ce spectacle ignoble et dégradant.

Aux yeux des Occidentaux, de tels actes paraissent incroyables. Pourtant, en Arabie saoudite, les histoires incroyables ne manquent pas.

On raconte qu'une princesse est un jour tombée amoureuse d'un Américain avec lequel elle rêvait de construire sa vie. Comment faire ? À Riyad, ce genre de mariage exogamique reste rigoureusement interdit. Or la belle princesse ne pouvait quitter l'Arabie sans l'accord des hommes de sa famille. Une seule solution : fuir le pays clandestinement afin de gagner les

États-Unis. Les deux amants ont alors élaboré un plan censé les mener vers la liberté. Déguisée en homme, flanquée de son Yankee, la jeune princesse saoudienne a franchi les bureaux de la douane au moyen d'un faux passeport. Hélas à bord de l'avion, avant le décollage, elle a été reconnue. Scandale ! La police, appelée en renfort, est venue mettre bon ordre à cette abomination et le couple fautif a dû redescendre de l'appareil. Et l'on appliqua la loi locale dans toute sa monstruosité : condamnés à mort, les deux amants furent lapidés.

Mensonge, ou légende destinée à mettre au pas des demoiselles qui rêveraient de liberté ? Il est souvent difficile de distinguer dans ces rumeurs ce qui appartient à la réalité. En revanche, le drame dont la princesse Misha'il fut victime est prouvé, lui. En 1977, cette arrière-petite-fille de l'ancien monarque Abd El-Aziz, fondateur du royaume, était étudiante à l'université américaine de Beyrouth. Dans une atmosphère très occidentale, elle s'afficha un peu trop ouvertement avec un jeune Saoudien. Les familles respectives adressèrent aux deux jeunes gens des menaces de plus en plus directes. Cette honte devait cesser au plus vite !

Mais les tourtereaux restèrent sourds à ces avertissements. Ne dit-on pas que l'amour est le plus fort ? Rentrés en Arabie saoudite, ils se virent tous deux condamnés à mort et exécutés sur la place publique. Elle fut fusillée, lui décapité.

Cette fois-ci, face aux « débauches » d'une jeune princesse, la sanction avait frappé un membre de la famille royale. Mais nul n'ignore que bien des princes et des hauts dignitaires saoudiens commettent les crimes les plus vils dans une totale impunité. On prétend même qu'ils comptent, à travers le monde, parmi les premiers acheteurs d'esclaves sexuels de tous âges. Non contents de se procurer des enfants pour assouvir leurs fantasmes, ces princes iraient jusqu'à passer commande de gamins vus en photo dans un magazine. Pire encore... Certains donneraient la description précise du type d'enfant qu'ils recherchent à des sbires sans états d'âme qui partent à la recherche du minois idéal. Une fois lassés de leurs jeunes captifs, ces monstres les revendent à d'autres princes ou à quelque cheikh puissant, quand ils ne s'en débarrassent pas d'une manière plus radicale.

Ces excès ne sont pas limités à la seule

Arabie. En Occident également les riches Saoudiens s'abandonnent à des débordements qui alertent parfois les autorités. Pendant les années quatre-vingt, un palais princier situé à Beverly Hills, sur les hauteurs de Los Angeles, fut le théâtre de soirées *sex and drugs* qui défrayèrent la chronique. Cocaïne, alcool et prostituées de haut vol constituaient un cocktail détonant, bien éloigné de la pureté exigée par le Coran et affichée avec componction par les membres de la famille royale. En définitive, des articles de presse et des témoignages édifiants incitèrent le gouvernement américain à demander discrètement à ses interlocuteurs saoudiens de persuader leurs ressortissants les plus turbulents de plier bagages et d'organiser ces petites fêtes sur un autre continent.

Une jeune star américaine de séries télévisées pour la jeunesse raconte avoir assisté à une telle soirée. Affolée par le comportement des convives masculins, tous ivres ou drogués, elle a pu interroger le cuisinier hispanique, lequel lui a expliqué que le prince mélangeait de la drogue aux boissons des jeunes filles avant de les emmener vers l'hélicoptère posé sur le toit de la riche demeure. Pour aller, plus loin, organiser ses parties fines. Le cuisinier aida la star du petit écran et un groupe d'adolescents à s'échapper... Mais la plainte qu'ils déposèrent fut classée sans suite.

Une certaine Shannon Marketic, ancienne miss USA, a également connu une aventure de ce genre. Attirée en Arabie sous prétexte de prendre quelques photos de mode, la malheureuse est tombée dans un piège. Elle n'a jamais posé devant l'objectif, ce n'était évidemment pas ce qu'on lui demandait. Retenue sur place contre son gré, droguée et violée, Shannon a quand même pu s'enfuir et déposer plainte dès son retour aux États-Unis. Cette fois encore, la plainte fut classée sans suite. L'immunité diplomatique dont bénéficiaient les agresseurs a permis d'étouffer l'affaire, tout simplement.

Car socialement les femmes figurent bien entendu parmi les premières victimes du système saoudien. Les atteintes portées à leurs droits élémentaires proviennent de discriminations à la fois officielles et officieuses. Officiellement, la femme en Arabie saoudite est considérée à vie comme mineure. Elle ne peut obtenir seule des papiers d'identité ; il lui est interdit de voyager à l'étranger sans autorisation, elle ne peut accéder à certains lieux publics, ne peut prétendre à un travail en dehors de l'éducation et de la santé. Pour couronner le tout, son mari n'a aucun motif à invoquer pour la répudier lorsqu'elle a cessé de lui plaire. Et la législation qui devrait pourtant s'appliquer aux deux sexes, comme la lapidation en cas d'adultère, n'est appliquée qu'aux femmes dans la réalité.

À ces dispositions légales s'ajoutent des discriminations de fait. Par exemple, la femme se trouve mal protégée par les forces de police en cas de violences conjugales, pourtant monnaie courante. Dans certains cas, des épouses ayant cherché refuge auprès de la police y ont subi des mauvais traitements car on leur reprochait d'avoir osé porter atteinte à l'honneur de leur mari et maître.

Tout cela est dramatique, mais le sort des femmes employées comme domestiques se révèle pire encore. Bien souvent venues des Philippines, elles sont privées de leur passeport dès leur arrivée dans le pays, cloîtrées à l'intérieur des demeures, régulièrement battues, parfois violées, et leurs conditions de vie s'apparentent à l'esclavage. Dans l'écrasante majorité des cas, ces abus ne font l'objet d'aucune poursuite, de quoi encourager ces pratiques d'un autre temps.

Ces excès impardonnables ne me semblent pas très fidèles à l'enseignement du Prophète, qui a au contraire tenté de donner à la femme un statut de dignité. Dans l'Arabie pré-islamique, celle-ci n'était en effet qu'une marchandise que l'on pouvait à son gré acheter, vendre ou offrir. On dit même que la naissance d'une fille était alors considérée comme un grand malheur par la famille. Pour cacher cette honte, on enterrait parfois le bébé vivant dans les sables du désert... Mahomet s'est évertué à changer les mentalités. Il donna à la femme une réelle existence et son consentement fut désormais requis pour convoler en justes noces. Par ailleurs, elle pouvait hériter et posséder des biens. Au regard de ces commandements, la femme peut aujourd'hui, même en Arabie saoudite, détenir des richesses. Voilées de la tête aux pieds, camouflées sous leur *abaya* noir, des Saoudiennes ont malgré tout réussi à s'imposer dans le monde des affaires. Sur le plan économique, elles ont remporté quelques victoires ces dernières années, comme celui de pouvoir créer leur entreprise. Celles qui tirent leur fortune d'un héritage placent leur argent. Elles détiennent ainsi vingt pour cent des actions des entreprises publiques et quinze pour cent des sociétés privées. Selon une étude citée par le journal *Al-Watan*, elles possèdent soixante-dix pour cent des comptes courants dans les banques d'Arabie, soit plus de onze milliards de dollars en dépôts. Il n'empêche qu'elles restent voilées et soumises aux terribles verdicts de la charia.

*
**

Si le Coran a voulu libérer la femme, par quelle aberration en est-on arrivé à cette société étriquée et rétrograde ? Parce que la plupart des Saoudiens se veulent les gardiens d'une « tradition » qui n'a pourtant pas grand-chose à voir avec l'esprit du Prophète. En effet, la région du Nedjd, dans le centre du pays, est le fief du mouvement islamique le plus conservateur : le wahhabisme.

Au XVIIIe siècle, un prédicateur illuminé, Muhammad ibn Abd al-Wahhab, revenant de Syrie où il avait été initié au message du Prophète, fut choqué et mortifié de voir ses coreligionnaires du Nedjd prendre des libertés avec l'enseignement coranique et observer sans scrupule quelques cultes païens dédiés à la Lune, aux étoiles et aux saints locaux. Il prêcha pour le retour à un islam sans tache sur sa terre natale en s'appuyant sur le hanbalisme – doctrine d'un théologien irakien du IXe siècle, ibn Hanbal, qui avait prôné une fidélité absolue aux règles et aux traditions.

Abd al-Wahhab ne rencontra d'abord que scepticisme, aussi son attitude se fit-elle plus musclée : à la tête de troupes armées, il détruisit des mausolées sur lesquels se rendaient les populations pour faire des offrandes, accomplir des sacrifices d'animaux ou allumer des cierges. En 1745, ce combattant de la foi fit alliance avec le chef de la tribu des Saoud, l'émir du Nedjd, pour lutter avec lui « jusqu'à la victoire ou la mort » afin d'imposer la gloire de Dieu. Un siècle et demi plus tard, en 1902, le descendant de cet émir imposa son autorité sur tout le pays et se fit roi d'Arabie saoudite, dans le respect et le maintien du pacte signé jadis. Le souverain se doit donc, aujourd'hui encore, de défendre hautement ce qu'il croit être une religion sans concession.

Ainsi, toutes les pratiques considérées comme déviantes, de l'adultère à la sorcellerie, de la sodomie à la conversion, induisent la peine de mort. Et ce n'est pas seulement une règle écrite : elle est appliquée avec une terrible régularité puisque l'on compte dans ce pays, en moyenne, une exécution par jour.

Pour les méfaits jugés moins graves, les vols notamment, la justice saoudienne possède un arsenal de châtiments corporels comme la flagellation ou l'amputation d'une main, d'un pied, d'un œil. Rien que ça...

Bien entendu, ces peines contreviennent d'une manière flagrante à la Convention internationale contre la torture et les traitements cruels, inhumains et dégradants, texte que l'Arabie saoudite a pourtant signé. Faut-il encore ajouter que ces sanctions et ces exécutions sont le plus souvent infligées à la suite de procès entachés d'irrégularités où les aveux, reconnus comme preuves de culpabilité, ont été obtenus sous la torture ?

La furie religieuse ne s'arrête pas là. Le 11 mars 2002, un incendie ravagea une école de jeunes filles de La Mecque. Les écolières tentèrent de fuir le sinistre, mais la police religieuse les empêcha de sortir : les malheureuses n'avaient pas la tête couverte du foulard rituel ! Sans compter que les sauveteurs, tous des hommes, n'ont pu leur porter assistance en vertu de la règle qui interdit à une demoiselle de suivre un mâle qui n'appartient pas à sa famille. Au nom de la vertu, les policiers ont frappé les gamines âgées de douze à dix-sept ans pour les faire rentrer dans l'école, condamnant ainsi quatorze d'entre elles à périr dans les flammes. Quatorze jeunes filles brûlées vives parce qu'elles ne portaient pas le foulard !

Jusqu'où ira-t-on dans l'horreur pour tenter de légitimer l'absurde ?

Ce drame a posé publiquement en Arabie saoudite le problème du rôle de la religion et de la place de la femme dans la société.

En 1960 pourtant, le futur roi Fayçal, alors prince héritier, avait réuni les principaux chefs religieux et leur avait posé cette question :

– Existe-t-il un verset du Coran qui interdise l'éducation des filles ?

En fait Fayçal, parfaitement versé dans la connaissance du Livre saint, ne pouvait se laisser berner par les oulémas, les docteurs de la loi, théologiens musulmans. Ceux-ci restèrent cois devant l'interrogation princière.

– Apprendre est une tâche qui incombe à chaque musulman, nous ouvrirons donc des écoles. Les parents qui veulent y envoyer leurs filles ne seront pas empêchés de le faire.

D'autres peuvent décider de les garder à la maison. Nous ne forcerons personne, conclut le prince.

Soucieux de ne pas heurter les tenants d'un islam plus absolutiste, Fayçal accepta de créer une direction de l'enseignement des filles séparée du ministère de l'Éducation et dont le président serait choisi dans la hiérarchie religieuse. Les programmes seraient différents de ceux des garçons et le poids de la religion s'y révélerait plus pesant. Quarante ans plus tard, plus de la moitié des cinq millions d'élèves saoudiens sont des filles, y compris à l'université, même si certains secteurs leur restent encore fermés.

Huit cents élèves fréquentaient le collège sinistré de La Mecque, dont les capacités avaient été prévues pour deux cent cinquante enfants seulement. Le bâtiment vétuste ne disposait ni d'issue de secours ni d'alarme incendie. Dans les jours qui suivirent le drame, la presse saoudienne fut submergée de reportages dénonçant l'état de délabrement des établissements scolaires ainsi que l'incompétence d'un enseignement inadapté au monde moderne.

Pour la première fois, des comptes étaient réclamés aux responsables. Daoud al-Chiryan, directeur régional d'*Al-Hayat,* quotidien panarabe, écrivait le 16 mars 2002 : « Il faudrait que cet incendie soit l'occasion de mettre un terme aux déclarations gratuites, au déni de responsabilités. »

Le même jour, Turki al-Soudeyri, rédacteur en chef d'*Al-Riyad*, le plus important quotidien du pays, s'interrogeait : « Quand aurons-nous honte de notre attitude à l'égard des femmes ? Tous les torts dans notre société leur sont attribués, comme si elles étaient l'intermédiaire entre l'homme et le vice. On a l'impression que les hommes sont des anges qui ne faiblissent que devant les femmes. »

Ce déferlement dans les médias provoqua d'abord un raidissement de la position officielle. Alors que le gouvernement annonçait la création d'une commission d'enquête, le ministre de l'Information réunit le 19 mars les rédacteurs en chef des médias pour donner ordre aux journalistes de s'abstenir de diffuser certaines nouvelles. Une première sanction tomba immédiatement : *Al-Hayat* devrait désormais être soumis à une censure préalable. Peu après, le ministre de l'Intérieur, le prince Nayef, déclara :

– La manière dont nos journaux et nos écrivains ont traité de l'affaire ne répond pas à ce que nous attendons. Ils ont exagéré les choses hors de toute proportion et ont émis des jugements sans connaître les faits.

Il insista pour qu'on ne blâme pas trop la direction de l'enseignement des filles. Pourtant, trois jours plus tard, le prince héritier Abdallah prenait la décision de dissoudre cette direction et de rassembler en un même ministère l'enseignement de tous les élèves, quel que soit leur sexe.

Les choses ne bougent que très légèrement dans cette atmosphère de fin de règne. Plus personne n'attend quoi que ce soit du roi Fahd. D'ailleurs le souverain lui-même, dans sa lointaine jeunesse, ne semble pas avoir été un prix de vertu, si l'on en croit le souvenir qu'il a laissé sur la Côte d'Azur. Nul n'ignore que le monarque, aujourd'hui un vieillard faible et malade mais pétri de religion, mena jadis une vie agitée. C'est peut-être ce qui autorise certains gouverneurs de province à tolérer l'usage de stupéfiants et l'esclavage sexuel des enfants. Les princes locaux ne sont-ils pas considérés comme les plus importants trafiquants mondiaux de drogue ? Les autorités ferment pudiquement les yeux sur ces débordements lorsqu'ils sont le fait de personnalités puissantes.

*
**

Au mois de juillet 1985, trois ans après ma première demande de visa, alors que les investigations saoudiennes sur mon humble personne en vue de mon futur mariage se poursuivent, un terrible accident de voiture me cloue sur un lit d'hôpital.

Nous étions de retour à Paris avec l'une de mes amies, ainsi que son mari et leur bébé de trois mois, après un séjour à Deauville. Nous roulions tranquillement lorsque, soudain, un des deux pneus avant du véhicule a éclaté. La voiture a effectué une série de tonneaux avant de s'immobiliser sur le bas-côté. Les deux autres passagers et le bébé – Dieu soit loué – s'en sont tirés avec quelques contusions. Quant à moi, je me trouvais à la place du mort. Résultat : fracture ouverte des deux chevilles. J'ai perdu un os du talon. Je suis dans un sale état. Les médecins vont même jusqu'à annoncer mon décès à ma mère !

Par chance, je suis bel et bien vivante mais dois passer six mois à l'hôpital. Tout n'était pourtant pas gagné d'avance puisque j'ai d'abord dû subir l'épreuve du bloc opératoire sept heures durant avant de faire un arrêt cardiaque lors d'une seconde intervention, quinze jours plus tard, à la suite d'une infection. Les médecins ne sont pas très optimistes quant à mes chances de pouvoir remarcher. Me servir de mes jambes ? Peut-être... et encore ! En effet, j'effectue mon retour à la maison en fauteuil roulant qui va me transporter pendant de très longs mois.

Mon fiancé, entre deux avions, a fait une escale à Paris pour se rendre brièvement à mon chevet. Sa présence m'a soulagée et rassurée... J'élude le traumatisme que je viens de subir en pensant à mon prochain mariage. Mon fiancé a fini ses études et, appelé à une carrière diplomatique, travaille désormais au ministère saoudien de l'Intérieur. Il est donc la plupart du temps à Riyad mais m'appelle quotidiennement pour prendre de mes nouvelles.

Pendant son absence, bien décidée à me battre, j'enchaîne les séances de kinésithérapie et les soins de toutes sortes. Ma rage de vaincre le verdict des médecins me permet de me dresser enfin debout, mais au prix de vingt-quatre mois d'efforts ininterrompus. Faire quelques pas à l'aide de deux puis d'une béquille représente chaque fois une véritable épreuve. Mais cela en vaut la peine puisque, bientôt, je peux marcher sans aucune aide.

Avec le recul, je me demande comment j'ai pu m'en sortir de la sorte. La ténacité... La volonté... Je ne voulais surtout pas que cette épreuve m'empêche de vivre ma vie de femme. Mais quand je pense au sentiment de honte que j'ai ressenti pendant cette période... On dit souvent que le moral participe pour beaucoup à la guérison. Mon moral à moi était au plus bas, pourtant. Pour quelle raison avais-je été fauchée ainsi, en pleine jeunesse ? Malgré mes jambes qui s'acharnaient contre vents et marées à fonctionner de nouveau, j'avais la douloureuse sensation de ne plus être à la hauteur. Parce qu'elles fonctionnaient mal, justement. De mon accident, j'ai gardé des séquelles. Quelques cicatrices sur les bras et une claudication qui ne peut échapper à personne. Qu'allait penser mon fiancé en me voyant boiter ? Aurait-il encore envie de me prendre pour épouse ? Autant de questions qui sapaient le peu de confiance qui me restait.

Comme pour faire écho à mon pressentiment, un jour, plus aucune nouvelle de lui. Étonnée et surtout inquiète, je contacte alors sa famille qui m'apprend qu'il vient de décéder dans la nuit d'un arrêt cardiaque. Je reste anéantie. Comment un jeune homme de trente-deux ans, a priori en bonne santé, peut-il disparaître ainsi ? Je sais que mon futur mari voulait maigrir un peu avant notre mariage et pour cela prenait régulièrement des médicaments. Est-il possible qu'il ait succombé à un mauvais dosage ?

Ce décès est impensable. J'en tombe littéralement malade. Alors que tout allait bien, les morceaux du puzzle de ma vie se disloquent, me laissant détruite. Cette mort imprévue ne cesse de me tourmenter. À tel point que mes idées finissent par s'embrouiller. Au lieu de ne voir dans cette mort brutale que le signe de la fatalité, je tente de me réconforter en me disant que de toute façon mon fiancé aurait fini par me quitter, tôt ou tard. Jamais il n'aurait accepté de vivre auprès d'une femme quelque peu diminuée. Le destin m'a épargné l'humiliation de me voir « répudiée ». Je n'ai aucune raison valable de penser ainsi puisque lui et moi n'avons pas eu la possibilité d'expérimenter la vie à deux mais, en me persuadant d'un rejet inéluctable de sa part, sans doute suis-je en mesure d'accepter plus facilement cette fin tragique.

La disparition soudaine de mon fiancé associée à mon accident de la route m'ont profondément déstabilisée. Moi qui étais tellement sûre de mon avenir ! Je me voyais vivre en Arabie saoudite auprès de mon homme et des enfants que nous ne manquerions pas d'avoir. Je ne demandais pas grand-chose. Être heureuse, tout simplement...

Depuis, la Touria joviale et volubile n'existe plus. Vis-à-vis des autres, je fais bonne figure. Mais, à l'intérieur, certains pans de ma personnalité se sont fissurés. Les fêlures sont profondes et j'ai désormais pour compagnes la tristesse et la mélancolie.

3

Envie d'ailleurs

« Avec le temps, va, tout s'en va... » Les paroles de cette chanson de Léo Ferré résument assez bien de quelle manière les événements marquants de l'existence semblent se détacher de nous, peu à peu. J'ai mis longtemps avant de relever la tête. Mais la vie a repris son cours, malgré la douleur.

Au moment de mon accident, j'avais envisagé de devenir prothésiste dentaire. Pour ce faire, j'avais accompli une année dans la première école privée spécialisée dans ce domaine à Paris. Vu les circonstances, j'ai dû tout arrêter. Là encore j'ai fini par m'en remettre à la fatalité en pensant que ce n'était pas plus mal ainsi. J'avais choisi cette voie uniquement pour faire plaisir à ma mère. Pour elle, il était évident qu'en choisissant de m'orienter vers ce métier, il me serait ensuite facile de très bien gagner ma vie. Loin d'être emballée, je visais plutôt le commerce international mais, à l'époque, mon lycée ne proposait pas cette filière avec option arabe en première langue. Je n'avais pas envie de me battre pour affirmer mon point de vue. En acceptant la proposition de ma mère – proposition plutôt insistante – j'évitais les conflits. Mais l'accident a tout changé.

Après ma convalescence, ma légère claudication m'a permis d'obtenir le statut de travailleuse handicapée avec station debout pénible. Il n'était pas question que je reprenne mes études. Je voulais tourner la page, passer à autre chose. Pour cela, il me fallait trouver un emploi, et vite ! Avant d'en décrocher un assorti d'un contrat à durée indéterminée au service consommateurs d'une grande entreprise basée à Levallois, il m'a d'abord fallu passer par la case « boulots intermittents », hôtesse d'accueil dans diverses structures, notamment.

*
**

Un nouvel homme dans ma vie... En l'acceptant, j'ai cru que mon passé me ficherait enfin la paix. Quelque temps après la disparition de mon fiancé, j'ai fait la connaissance de quelqu'un d'autre, par hasard. Peu à peu je suis tombée amoureuse, mais... Mais comment expliquer à mon époux – car nous avions décidé de nous marier – que mon cœur battait en secret pour mon cher disparu ? Je tentais de jouer la transparence. Je ne pouvais pas laisser le mensonge s'installer entre nous. J'ai raconté à mon compagnon la perte irréparable de mon premier grand amour. Afin de ne pas le trahir, je lui ai avoué qu'une partie de moi était près de cet homme que je n'oublierais jamais. Je lui ai expliqué qu'une partie de moi se refusait à le quitter...

Dans mon esprit il s'agissait de dire la vérité, pas de saboter notre union. Mon ancien fiancé était mort, il n'y avait donc aucune raison pour mon conjoint d'être jaloux. Toutefois les choses ne sont pas aussi simples qu'on les imagine... Au fil du temps, mon mari n'a plus supporté les comparaisons que je faisais – et dont je ne me rendais même pas compte – entre lui et « l'autre ». Notre relation s'est progressivement distendue jusqu'à provoquer une certaine mésentente que la présence de notre fils, né en juin 1987, n'est pas parvenue à enrayer.

Pourtant, le bonheur d'être mère a mis entre parenthèses les failles naissantes de notre union. Jamais je n'aurais pu concevoir mon existence sans donner la vie. J'ai offert à mon fils le prénom que nous avions choisi, mon premier fiancé et moi, alors que nous rêvions de devenir parents. Comme pour prolonger son souvenir. Cet enfant est ma fierté. Il est ce que j'ai de plus cher au monde. Je comptais lui donner le sein pendant un mois, finalement je l'ai allaité pendant deux ans. Une manière de fusionner avec lui le plus longtemps possible.

Comme le veut la tradition, pour fêter le quarantième jour de sa naissance, je suis allée au Maroc présenter mon fils à toute ma famille. Et, depuis, il ne cesse de m'émerveiller. J'entretiens de bonnes relations avec lui et essaie de lui donner les armes dont il a besoin pour grandir et mûrir, tout en refusant de l'étouffer dans une relation exclusive à deux. J'ai un amour immense pour mon garçon mais, malgré tout, j'ai besoin de me projeter dans l'avenir sans lui car il me quittera un jour. Et j'espère bien qu'il me quittera un jour ! Quel plus beau cadeau, pour une mère, que de voir son enfant voler de ses propres ailes en toute sécurité ?

Mon fils a été et restera la merveilleuse lueur d'espoir qui m'a aidée à supporter les épreuves passées et m'aidera à assumer les épreuves à venir.

Si mon mari a eu du mal à se trouver dans son rôle d'époux – et j'en suis sans doute involontairement responsable –, il est en revanche un bon père qui, après notre divorce, a continué de voir son fils très régulièrement. Pour le moment, nous maintenons le cap autant que faire se peut.

Un second enfant aurait peut-être pu nous permettre de nous rapprocher, mon époux et moi, mais une hémorragie interne m'a empêchée de donner un frère ou une sœur à mon fils. J'ai très mal vécu cette interruption de grossesse, jusqu'à me sentir totalement déprimée. Ma nature n'étant pas de me laisser abattre, j'ai pensé qu'une bouée de sauvetage m'aiderait sans doute à me maintenir la tête hors de l'eau. C'est ainsi que, plus de dix ans après avoir été forcée de quitter mes études, je les ai reprises à Limoges – un bon moyen de me concentrer sur autre chose – où j'ai enfin décroché mon diplôme de prothésiste après une formation de quelques années. J'avais besoin d'un dérivatif à mes idées noires, certes. Mais j'avais également une revanche à prendre sur ma mère qui n'avait pas manqué, lorsque j'avais abandonné mes cours, de me faire remarquer mon peu de pugnacité.

Ah, maman... La séparation est impossible, n'est-ce pas ? Tu es parmi nous lors de notre déménagement en Haute-Vienne. Mon mari a longtemps pensé que je n'avais pas coupé le cordon ombilical avec toi. Nos relations complexes le gênaient. Et la manière dont tu t'immisçais, sans le vouloir, dans notre vie de couple n'a fait que mettre un peu plus de sel sur la plaie de nos désaccords. Seulement comment aurais-je pu refuser que tu résides le plus près possible de chez nous ? Je me suis toujours sentie redevable envers toi du fait que tu n'avais pas refait ta vie, que tu avais concentré ton univers autour de moi. Tu t'étais « oubliée », en quelque sorte, et je me sentais presque coupable de ce généreux sacrifice.

*
**

Voilà... Ma vie était en France, je me suis mariée en France, j'ai accouché en France. Prenez une balance, mettez sur l'un des plateaux les années passées dans l'Hexagone, sur l'autre celles passées au Maroc : le résultat est là, qui parle de lui-même. En 1994, j'ai obtenu la nationalité française. Mais je rêvais toujours d'ailleurs et de grands espaces, je cherchais un paradis, un pays où je trouverais enfin ma place... Ni émigrée ni immigrée : étrangère et libre !

Se pouvait-il que Dubaï fût la réponse à mon malaise ? J'avais vu à la télévision un reportage consacré à la capitale des émirats qui m'avait enchantée. Auparavant, j'avais déjà pensé m'exiler avec mon mari et mon fils au Canada parce que dans ce pays les prothésistes ont le droit d'être en contact avec les patients, ce qui, professionnellement, est quand même plus gratifiant et souvent plus efficace que de travailler sur les moulages. Puis nous avions eu l'idée de retourner au Maroc, sous l'influence de mon père qui avait proposé de m'ouvrir un cabinet à ses frais là-bas. Il m'avait assuré que dès l'obtention de mon diplôme il ferait le nécessaire pour que je puisse m'installer avec ma famille à Casablanca. Ce projet n'enthousiasmait pas maman qui se montra aussitôt sceptique. Mais, moi, j'y croyais dur comme fer. Pour une fois que papa faisait un geste ! Sans doute voulait-il rattraper le temps perdu. Dans ma tête, tout était clair : mon mari s'occuperait de la partie commerciale alors que je serais chargée, bien évidemment, du côté « médical » et technique. Papa m'envoyait régulièrement des devis afin que je puisse prendre ma décision. Mais elle était déjà prise ! À une condition : que nous le remboursions de cet achat au fur et à mesure de nos rentrées d'argent.

Une fois sur place, la réalité fut tout autre. Ma belle-mère, furieuse de me voir débouler avec armes et bagages, a menacé de quitter le domicile conjugal si je restais dans les parages. Mon père, voulant éviter tout conflit, s'est rangé de son côté. Que devenais-je, dans tout cela ? Pas grand-chose. Bien qu'humiliée, je n'avais pas l'intention d'envenimer le débat. Nous sommes repartis, mon mari et moi, comme nous étions venus. Avec, de mon côté, une deuxième trahison en poche de la part de mon père, après celle de ne m'avoir jamais élevée. Une deuxième trahison très difficile à digérer. Je lui en ai terriblement voulu. Aujourd'hui encore, je ne suis pas certaine de lui avoir pardonné.

Malgré cet échec, pour rien au monde je n'aurais renoncé à mon rêve d'un avenir meilleur, « ailleurs ». J'avais besoin de changement, de faire une coupure dans ma vie et peut-être aussi de mettre un peu de distance entre ma mère et moi. Non que je ne sois pas attachée à elle. Bien au contraire. Maman s'est démenée pour m'offrir le meilleur. Mais il fallait que je m'éloigne. J'avais trente-six ans, il était grand temps que je prenne mon envol. Seule.

Mon choix s'est finalement reporté sur Dubaï. Dans le reportage télévisé qui m'avait éblouie, tous les ingrédients me semblaient réunis pour s'expatrier là-bas : soleil, dépaysement, liberté. Un pays musulman apparemment très ouvert. Nous avons donc commencé à nous renseigner sur les possibilités de travail et d'immigration. Pas question de partir avec l'intention de dénicher un emploi sur place : il serait obligatoirement sous-payé. Le contrat doit être négocié depuis la France. Sinon vous courez le risque de vous retrouver comme tous ces travailleurs venus d'Inde et des Philippines qui touchent des salaires de misère de quelque huit cents dirhams par mois (moins de deux cent quarante-cinq euros). Certes ils sont nourris et logés, mais dans des conditions sordides, devant la plupart du temps se serrer à plusieurs dans une chambre minuscule.

En surfant sur Internet, j'ai trouvé un poste de prothésiste dentaire dans un laboratoire et, en octobre 1999, je me suis envolée vers le Golfe pour la première fois. Entre-temps, je m'étais séparée de mon mari. Notre relation battait de l'aile depuis un moment déjà, et nous n'avions pas réussi à l'améliorer. J'ai donc fait le voyage seule, laissant mon petit garçon aux bons soins de ma mère.

Arrivée sur place, j'ai dû avant tout valider mon diplôme afin de l'envoyer au ministère français des Affaires étrangères et de le faire viser par le consulat pour ensuite le soumettre aux autorités émiriennes. Une longue navette administrative qui a duré presque trois mois.

Ma première impression ne m'a pas déçue. Dubaï était telle que je l'avais imaginée, gigantesque et luxueuse. Cette ville à l'architecture ultra-moderne qui ne semblait jamais vouloir dormir m'a paru magique.

Dubaï est séparée en deux par le Khor (la crique), un bras de mer qui entre dans les terres sur une dizaine de kilomètres. D'un côté se trouve Bur-Dubaï, de l'autre Deira (la petite ville, en arabe). Dans cette dernière sont regroupés les souks populaires alors que Bur-Dubaï se révèle plus moderne, plus occidentale. Là, on a rasé les anciens quartiers et les vieux immeubles. Dans ce pays arraché au désert il y a trente-cinq ans à peine, on construit vite, démolit vite et reconstruit tout aussi vite. Les travaux se déroulent de jour comme de nuit, mais rien n'est fait pour durer longtemps. Un quartier datant des années cinquante fait déjà figure de ruines antiques promises aux bulldozers.

Dubaï vit à un rythme effréné. Certains magasins sont ouverts vingt-quatre heures sur vingt-quatre. L'animation ne s'arrête jamais, comme s'il était urgent de montrer que l'on est bien vivant, implanté dans le siècle, en phase avec son époque. Les buildings dressent vers le ciel leurs façades luminescentes, offertes au soleil. L'architecture, audacieuse, lance un véritable défi au futur. L'hôtel Burj al-Arab (la tour des Arabes), par exemple, s'élève sur une île artificielle comme une immense voile de trois cent vingt et un mètres de haut gonflée par le vent. Le Jumeirah aux formes souples s'étire, quant à lui, telle une dune de sable. La nuit tout s'illumine, parant la ville de mille feux qui se reflètent dans le Khor.

Les centres commerciaux de Dubaï sont fastueux. C'est à celui qui sera le mieux approvisionné, le plus beau, le plus riche. Avec toujours les fast-food de différents pays au dernier étage, plus une aire de jeux pour les enfants. Ici pas d'alcool, sauf dans les hôtels, mais on peut acheter du porc dans certains supermarchés fréquentés essentiellement par les Occidentaux.

Pas de casino à Dubaï. Alors on a essayé de tricher. On en avait installé un, naguère, sur un bateau. Les joueurs embarquaient et les portes de la salle de jeux ouvraient dès la sortie du port : on n'était plus dans la ville ! Malheureusement, un soir, elles se sont ouvertes un peu trop tôt. Conséquence immédiate : l'autorisation fut retirée et le lieu fermé. Le grand hôtel Burj al-Arab, lui, a été construit sur une île artificielle, en dehors de la ville, pour pouvoir bénéficier d'un casino entre ses murs. C'était du moins l'espoir du cheikh al-Maktoum, mais le cheikh d'Abu Dhabi, président des Émirats arabes unis, a refusé tout net.

Il y a d'autres distractions. Si je n'ai malheureusement pas pu participer à une chasse aux faucons, sport réservé aux hommes, j'ai pu effectuer un safari, loisir ouvert à tous et surtout à toutes. Des compagnies de quatre-quatre organisent ainsi des excursions dans le désert. Départ dans l'après-midi pour une longue traversée des dunes. Après une heure d'un parcours plutôt mouvementé, petite halte pour une promenade à dos de chameau avant d'atteindre la tente qui vous est réservée. À l'intérieur, dans un grand salon arabe, cuit le méchoui pendant que des danseuses orientales se contorsionnent... Fantastique. Seul bémol : la chaleur est tellement moite qu'elle va jusqu'à former de la buée sur les lunettes de certains.

Entourée de désert et de sable ocre, Dubaï est pourtant verdoyante. Située dans l'une des régions les plus arides du monde, elle consomme presque quatre fois plus d'eau par habitant que la moyenne mondiale. La quasi-totalité est produite par dessalage de l'eau de mer. Recyclée, celle-ci irrigue ensuite les parcs artificiels, le bord des autoroutes et les terrains de golf. La modernité au service du plaisir des yeux...

*
**

J'étais donc prête à patienter dans l'attente de la validation de mon diplôme. Après tout, je devais en passer par là si je voulais m'installer définitivement à Dubaï avec mon fils. Hélas, j'ai très vite déchanté. Pour obtenir le droit de vivre dans l'émirat, en plus des tracasseries administratives, il me fallait trouver un emploi ainsi qu'un sponsor, c'est-à-dire un Émirien prêt à me cautionner.

Selon la loi locale, seuls ceux qui gagnent plus de mille dollars par mois peuvent prétendre faire venir leur famille auprès d'eux. Certains étrangers, établis sur place depuis longtemps, ont financièrement réussi et se sont enrichis. De nouvelles générations sont nées à Dubaï. Pourtant, la naturalisation n'est octroyée qu'avec la permission spéciale – et exceptionnelle – de l'émir. Même ceux qui ont brillamment fait fortune ne possèdent pas la totalité de leur entreprise, car ils doivent en céder cinquante et un pour cent au fameux et indispensable sponsor local. Celui-ci, si tout se passe bien, se contente de toucher une commission annuelle.

À cette époque, en 1999, les Français avaient encore besoin d'un visa pour se rendre dans les émirats. L'agence de voyages de Limoges dans laquelle j'avais acheté mon billet d'avion s'était également occupée de la réservation d'un hôtel à Dubaï, mais pour quinze jours seulement. N'ayant pas de gros moyens, je devais absolument trouver un endroit moins onéreux pour me loger. Je me suis alors déplacée à Sharjah – à une demi-heure de route de Dubaï –, l'émirat voisin, réputé être meilleur marché.

Après Abu Dhabi et Dubaï, Sharjah est le troisième des émirats en superficie et en importance. C'est un peu la vitrine culturelle de la fédération, car il a toujours affiché, dans ce domaine, des ambitions qui flattent les Émiriens. C'est d'ailleurs ici – en 1953 – que s'est ouverte la première école, projet réalisé avec l'appui et le soutien du Koweït. Sous l'autorité de Cheikh Sultan bin Mohamed al-Quassimi se tiennent ici des réunions poétiques et des foires internationales. En fait Sharjah fut un centre commercial bien avant Dubaï, seulement l'ensablement progressif de sa crique, le laisser-aller et l'indifférence ont peu à peu poussé les navires marchands à dérouter ailleurs.

Le lieu est peut-être « culturel » mais pas très réjouissant. À l'entrée de la ville, aux abords d'un immense rond-point, un panneau annonce en anglais : « *Smile, you are in Sharjah* » (Souriez, vous êtes à Sharjah). Mais les gens qui connaissent bien l'endroit ont rectifié le slogan : « *Cry, you are in Sharjah* » (Pleurez, vous êtes à Sharjah).

C'est en effet aujourd'hui l'émirat le plus sévère pour ce qui concerne l'application de la loi islamique. Pas étonnant quand on sait que Sharjah est soutenu financièrement par l'Arabie saoudite. Que ne ferait-on pas pour quelques dollars de plus...

Il y a une trentaine d'années, c'est pourtant à Sharjah que s'éleva le premier hôtel du Golfe où les clients pouvaient consommer de l'alcool... Mais ce fief de la famille al-Quassimi accumula dettes sur dettes, en particulier en raison des frasques pharaoniques d'un fils trop turbulent. L'Arabie saoudite a profité de cette déconfiture pour investir sur place et faire régner sa loi. Désormais plus d'alcool, voile obligatoire pour les dames et peine de mort par lapidation sont le lot quotidien des habitants.

En attendant que se règle mon difficile problème d'installation, j'ai eu tout le loisir de me rendre compte que tous les émirats, que les Occidentaux ont un peu tendance à mettre dans le même panier, sont loin de se ressembler. Autant Sharjah se révèle a cheval sur la tradition, par exemple, autant Ajman se montre libre. Là-bas, vous pouvez consommer et transporter de l'alcool sans aucun problème. Sous l'autorité de Cheikh Humaïd bin Rashed al-Nuaimi, Ajman, le plus petit des émirats mais également le plus pauvre, s'est spécialisé dans la construction des bateaux traditionnels en bois.

À l'extrême nord de la fédération, Ras al-Khaimah, dirigé par Cheikh Saqr bin Mohamed al-Qassimi, se veut l'héritier des combattants qui firent jadis la guerre navale au Portugal, à la Hollande et à l'Angleterre. Déjà connu au VIIe siècle pour ses relations commerciales avec la Chine et les Indes, cet ancien port est riche de souvenirs... qui permettent peut-être de mieux supporter le présent. Car les ressources ici sont maigres comparées à celles des opulents voisins. L'émirat vit essentiellement d'agriculture, à laquelle s'ajoutent quelques industries spécialisées.

L'émirat de Fujaïrah, lui, présente l'originalité de se trouver entièrement sur le golfe d'Oman. Cheikh Hamaïd bin Mohamed al-Sharqi dirige cette région vouée au tourisme local. Seul intérêt des lieux : leurs vestiges archéologiques. Cette terre, habitée dès l'âge de fer, regorge de sites abritant des tombes mégalithiques, des habitats fortifiés et des ateliers antiques d'extraction du minerai de cuivre.

À Umn al-Qaïwain, enfin, dont le cheikh est Rashed bin Ahmed al-Mualla, la tradition de la pêche de la perle se perpétue. Ici le temps semble s'être arrêté. Un peu d'agriculture, des troupeaux de moutons et les bateaux que l'on répare sempiternellement sur les bords de mer font tout le charme de l'endroit.

En fait, seuls deux des sept Émirats arabes unis – Abu Dhabi et Dubaï – pèsent vraiment dans cette fédération. Les autres, plus ou moins à la traîne, profitent par ricochet – et bien peu ! – de la manne pétrolière.

Les Émiriens d'Abu Dhabi et de Dubaï, encore étonnés par tant de réussite et de modernité, affichent ostensiblement leur fortune aux yeux du monde entier. Ce miroir aux alouettes n'est pourtant qu'une façade pour dissimuler la misère et la pauvreté qui sévissent dans les environs.

Mais, pour ma part, c'était à Dubaï que je voulais m'établir, à la fois fascinée par ce « miroir aux alouettes » justement, et par l'histoire extraordinaire des pays de l'or noir que les Occidentaux connaissent si peu, ou si mal...

4

Le pays de mes rêves

C'est en l'an 630 de l'ère chrétienne que des disciples du prophète Mahomet sont venus islamiser la région du Golfe. Deux ans plus tard, pourtant, à la mort du Prophète, les populations se soulèvent pour secouer le joug de la religion, mais la rébellion est vite écrasée par les armées du premier calife, Abu Bakr, bien décidé à mener par le fer la conquête islamique. Toutefois, si la victoire militaire des troupes du calife est complète, l'islam ne fera que lentement la conquête des cœurs et des esprits. Les habitants se contentent d'abord de renoncer à se rendre dans les temples pour vénérer leurs idoles, mais continuent en secret de sacrifier au culte païen.

En même temps ils poursuivent leur destin maritime et envoient de grands vaisseaux de bois sillonner l'océan Indien pour commercer avec les terres lointaines, allant jusqu'à Mombasa, au Kenya, mais aussi à Ceylan, au Vietnam et en Chine. Au XVe siècle, un navigateur entré dans la légende – Ibn Majid, dit « le lion de la mer » – s'assure une place dans l'Histoire grâce à un périlleux périple entre les Indes et le Mozambique, voyage au long cours réalisé grâce aux travaux des premiers astronomes arabes.

Mais en 1498 le Portugais Vasco de Gama double le cap de Bonne-Espérance, provoquant un chamboulement historique et géographique sans pareil. Dès lors tout semble possible aux Portugais, qui envoient une armada dans le Golfe afin de s'assurer la domination du fructueux commerce avec les Indes. Les voici désormais maîtres de la région. Ils font construire des forts par leurs alliés, les cheikhs locaux, et font main basse sur le commerce des perles. En 1517, le voyageur Duarte Barbosa, compagnon de Magellan, note après une visite à Julfar (l'actuell Ras al-Khaimah) : « Les habitants sont des hommes de bien, de grands navigateurs et de grands négociants. La pêche des grosses perles est très développée. »

En effet, tous les ans, une flotte de cinquante embarcations quitte Julfar pour partir à la recherche des bancs d'huîtres. Au bout du voyage : la perle... Celle-ci fait vivre la région et provoque l'engouement des belles et riches Européennes. On en veut partout, sur les robes des élégantes et sur les pourpoints des petits marquis, alors que les plus grosses, les plus laiteuses, sont réservées aux couronnes des rois. Cette mode intensifie le commerce entre le Golfe, le Portugal et tout l'Occident. Le joaillier vénitien Gasparo Balbi, alors célèbre arbitre du bon goût, fait même personnellement le déplacement pour venir acquérir les plus belles pièces. Il s'intéresse aussi à la population locale et révèle pour la première fois aux Européens l'existence de la tribu des Bani Yas dans les déserts d'Abu Dhabi et de Dubaï.

Les Bani Yas, en partie nomades, se sont établis dans les oasis au pied des dunes et vivent alors en économie fermée essentiellement de la culture des dattiers, dont ils tirent leur subsistance et leurs matériaux de construction. Mais ces Bédouins sont aussi des hommes de la mer et nombreux sont ceux qui participent à la quête perlière. L'hiver ils s'établissent, avec leurs chameaux débarqués des bateaux, dans les îles du Golfe pour pêcher le poisson et le faire sécher, afin d'accumuler des réserves.

Souples et adaptables, les Bani Yas s'installent bientôt dans la région, répartis dans une quarantaine de villages entourant une véritable ville plantée sur une île : Abu Dhabi. Car – faut-il le rappeler ? – Abu Dhabi fut une île avant d'être reliée au continent par des ponts. Quoi qu'il en soit, en 1790, cette agglomération a pris une telle importance que le cheikh de la tribu quitte le désert pour venir y vivre définitivement.

C'est au XIXe siècle qu'une branche de cette tribu des Bani Yas, le clan des Al-Bu Falasah, se détache du tronc commun pour s'établir sur les bords de la crique de Dubaï. C'est risqué car les puissances européennes – Portugal, Hollande et Angleterre – cherchent à s'imposer dans le Golfe. Désormais étape obligée sur la route des Indes, celui-ci représente un verrou stratégique dont ne saurait se priver une nation ambitieuse, disposée à commercer avec les pointes extrêmes de l'Orient. Mais les habitants sont prêts à se défendre et constituent une flotte de soixante grands navires transportant une force de vingt mille hommes ! Durant vingt ans, de 1800 à 1820, les soldats du roi d'Angleterre George III affrontent en combats navals les flottes venues de Ras al-Khaimah et de Sharjah. On voit l'océan se couvrir de voiles, les navires s'engagent dans la bataille, les canons avancent leur gueule dans les sabords... Les matelots des brûlots, ces barques chargées de poudre, s'approchent des vaisseaux, mettent le feu aux coques ennemies, les boulets fusent, les cris retentissent, les flammes crépitent, les grappins s'accrochent aux bastingages... La mer n'est bientôt plus qu'un vaste incendie et, dans cette fournaise, les vaisseaux s'éperonnent, les bouches à feu tonnent, les quilles se rompent.

Les Européens désignent désormais ces rivages comme « la côte des Pirates », mais le cheikh de Sharjah conteste cette manière d'écrire l'Histoire. Les pirates, selon lui, ce sont bel et bien les Anglais, dont l'offensive armée n'est motivée que par la volonté de contrôler le commerce sur tout le trajet entre les îles

Britanniques et les Indes. Ça ne fait rien, l'imaginaire des Occidentaux est en marche. On voit dans ces tribus du bout du monde des bandes de pillards surgies du désert pour se lancer sur les eaux afin de ravager les navires de Sa Très Gracieuse Majesté.

Même si cette version est injuste, il faut reconnaître que la razzia, sur terre comme sur mer, fait partie de la manière de vivre et de s'enrichir des Bédouins d'Arabie. Ceux-ci n'hésitent pas à se lancer dans des expéditions contre les tribus avoisinantes pour dérober chameaux et chèvres. Sur les eaux, cette activité prend évidemment une autre dimension. Un navire marchand attaqué permet aux hommes de rapporter chez eux quantité de vivres ou d'étoffes précieuses. Et l'Angleterre ne peut admettre ces atteintes à son autorité suprême.

Après une vaste expédition, en 1820, les troupes anglaises ont finalement le dessus et réduisent à néant la flotte arabe du Golfe. En fait, cette victoire ne vise pas à stopper l'activité des prétendus pirates, mais seulement à aboutir à une série d'accords qui offrent aux populations la coopération agissante des Britanniques, lesquels peuvent désormais s'implanter dans la région. Les traités signés avec neuf cheikhs tendent ainsi à imposer la *Pax britannica* et à instaurer une ère de stabilité qui devrait favoriser le commerce des perles et permettre les escales des navires étrangers dans les ports arabes. Contrecoup de cette entente : les relations entre les différents émirs se trouvent apaisées. Finies les rivalités ancestrales. C'est le premier pas vers une fédération qui mettra un siècle et demi avant de devenir réalité.

Pendant ce temps, l'Angleterre continue de jouer les gendarmes en faisant croiser quelque navires de guerre dans le Golfe. Une force à laquelle les émirs peuvent faire appel quand ils rencontrent quelques difficultés avec une tribu ou un voisin récalcitrant. Mais la paix instaurée reste bien fragile : actes de piraterie, attaques et révoltes se succèdent.

En 1835, une première trêve maritime est conclue entre les autorités britanniques et quatre émirs, ceux d'Abu Dhabi, Ajman, Dubaï et Sharjah. Dès lors, la côte des Pirates devint la côte de la Trêve. Trêve conclue pour une saison seulement, puis reconduite avant de se muer en traité de paix perpétuel dix-huit ans plus tard.

Au début du XXe siècle, quasiment toute la population des émirats vit de la pêche des perles. Métier difficile et aventureux. Il faut partir pour un mois sur des embarcations de fortune, se laisser brûler par le soleil, plonger jusqu'à quarante fois par jour lesté d'une pierre, rester au fond deux minutes, parfois même un peu plus, affronter la mer, frôler les requins. Pour mille huîtres remontées, on parvient à récupérer à grand-peine une ou deux billes de nacre qui feront vivre la famille. Et l'on se répète tristement la légende antique de Gilgamesh venu dans cette contrée en quête d'étranges « yeux de poisson » et qui ne rencontra que la mort. Pourtant les hommes rentrent au port puis partent de nouveau. Comment renoncer à cette existence pleine de dangers ? La perle représente alors la seule richesse des lieux, l'unique source de revenus d'un peuple miséreux.

Dans les années vingt, la mise au point, par les Japonais, de la perle de culture tue définitivement cette activité. Les petites flottilles perlières du Golfe s'échouent pour toujours sur les plages de sable fin.

Dès lors, ceux qu'on appelle alors les États de la Trêve s'enfoncent dans un sommeil sans rêve, dont ils ignorent encore que la manne du pétrole va les sortir...

*
**

Après la Seconde Guerre mondiale, les Britanniques commencent des forages dans la région à la recherche de l'or noir. Un premier puits est creusé entre Dubaï et Abu Dhabi en 1950, mais vite abandonné car considéré comme non productif. D'autres tentatives se révélèrent aussi décevantes. Ce n'est que dix ans plus tard, le 28 octobre 1960, que la Petroleum Development Trucial Coast peut annoncer que du pétrole en quantité commercialisable a été découvert sur le territoire d'Abu Dhabi.

En 1968, confronté à la chute de la livre sterling, le gouvernement britannique dirigé par le travailliste Harold Wilson entreprend de réduire les dépenses militaires et annonce le prochain retrait des forces britanniques situées « à l'est de Suez ». Il est vrai que l'ancienne obsession anglaise de dominer la route des Indes n'a plus de raison d'être depuis que le « sous-continent » a acquis son indépendance.

Les émirs ne sont guère enchantés de ce

cadeau empoisonné. À cette époque, en effet, les émirats commencent à peine à profiter des richesses pétrolières, de quoi aiguiser les appétits de quelques voisins gourmands, notamment l'Iran. D'ailleurs, le shah saisit l'occasion pour réitérer ses prétentions sur le territoire de Bahreïn, considéré par Téhéran comme la « quatorzième province » de l'empire des Pahlavi. Une mission exploratoire des Nations unies se rend sur place et conclut que le peuple bahreïni souhaite l'indépendance et non l'annexion à l'Iran. Le shah se voit obligé de renoncer à ses revendications sur Bahreïn.

À Londres, l'opposition conservatrice, revenue au pouvoir à la faveur des élections de juin 1968, ne remet pas en cause le départ des forces britanniques du Golfe, bien qu'elle s'y fût montrée hostile au départ. Néanmoins, sensible aux préoccupations des émirs du Golfe, Londres propose de conclure avec chacun d'eux un traité d'amitié comparable à celui qui a été signé avec le Koweït en 1961 et qui a protégé la province des visées irakiennes entre 1961 et 1963. Parallèlement, le Royaume-Uni invite instamment les différents émirats à se regrouper au sein d'une fédération.

Neuf émirs, ceux d'Abu Dhabi, Ajman,

Bahreïn, Dubaï, Fujairah, Qatar, Ras al-Khaimah, Sharjah et Umm Al-Qaïwain, se lancent dans de longues et difficiles négociations, cherchant à aboutir à la formation d'un État fédéral. Mais trop de rivalités dynastiques opposent les cheikhs de la côte de la Trêve. La pierre d'achoppement semble surtout être la désignation de la future capitale. Les al-Khalifa de Bahreïn, arguant de l'ancienneté de leur dynastie et de l'éducation de leur peuple, exigent qu'on choisisse Manama. Cheikh Zayed, émir d'Abu Dhabi, fort de ses richesses pétrolières et de sa position géographique centrale, veut lui aussi voir sa ville élevée au rang de centre politique. Bahreïn, humiliée et négligée, rompt les négociations et préfère aller seule à l'indépendance. Le Qatar, qu'une ancestrale rivalité oppose à Bahreïn, fait de même.

Les Britanniques respectent l'échéance fixée : au mois de décembre 1971, Bahreïn, le Qatar et les sept autres émirats – les Émirats arabes unis – deviennent des États souverains. Reconnus par la communauté internationale, ils sont admis dans l'Organisation des Nations unies.

Bahreïn, minuscule archipel quasiment dépourvu de pétrole, suit alors une voie différente de celle des autres pays du Golfe. L'émirat choisit de devenir une société de services pour l'ensemble de la région, et bénéficie ainsi des retombées des pétrodollars. Bahreïn profite à la fois de sa position géographique à mi-chemin entre Londres et Tokyo, de la législation bancaire très restrictive de l'Arabie saoudite et de dispositions fiscales très avantageuses pour les banques *offshore*, c'est-à-dire intervenant sur les marchés extérieurs. Une cale sèche géante est construite pour les pétroliers, ainsi qu'une usine d'aluminium et une raffinerie de pétrole exploitée en commun par Bahreïn et l'Arabie saoudite, ce qui revient en réalité à une subvention déguisée de l'Arabie à son voisin.

Au Qatar, Cheikh Khalifa bin Hamad al-Thani, patriarche autoritaire, exerce un contrôle minutieux sur l'ensemble des affaires de l'État qu'il gère, en dépit des immenses richesses de cet émirat de cent mille habitants seulement, comme un petit commerçant avaricieux. Le Qatar a ainsi échappé à la folle envolée de dépenses qu'ont connue les États voisins.

En ce qui concerne les Émirats arabes unis, les soucis ne manquent pas. Réunis au sein du Conseil fédéral suprême, les sept émirs choisissent Abu Dhabi comme capitale fédérale et l'émir local assure la présidence de la fédération tandis que la vice-présidence, poste plutôt honorifique et symbolique, revient au cheikh de Dubaï.

Dubaï, rival traditionnel d'Abu Dhabi, ne peut se résoudre à accorder de façon permanente un tel avantage à son concurrent. Une sourde lutte oppose les deux États. Le premier se fait le défenseur de l'autonomie des émirats face au second, qui met l'accent sur un indispensable fédéralisme. Cette rivalité paralyse les institutions, chaque émirat conservant les siennes, en particulier les forces armées.

En 1976, une armée fédérale voit néanmoins le jour. Un an plus tard, en mars 1980, Cheikh Rachid, l'émir de Dubaï, et Cheikh Zayed, l'émir d'Abu Dhabi, parviennent à un accord sur le financement de l'État : la moitié des recettes pétrolières de chacun des émirats sera versée au budget fédéral. En pratique, cela ne concerne que Dubaï et Abu Dhabi, et dans une moindre mesure Sharjah, les quatre autres émirats n'ayant guère de ressources en hydrocarbures.

Les années quatre-vingt s'ouvrent sur le conflit Iran-Irak. Cette guerre incite les monarchies du Golfe à se regrouper au sein d'un Conseil de coopération du Golfe, tout en laissant l'Irak de Saddam Hussein en dehors de cette nouvelle instance, Bagdad étant soupçonné de fomenter des complots contre les dynasties en place.

En revanche, à partir de 1982, les émirs acceptent de soutenir verbalement l'Irak... La poussée iranienne en Irak les inquiète et la perspective d'une victoire des ayatollahs les fait trembler. En effet, les services de sécurité de Bahreïn ont déjoué, en décembre 1981, une tentative de coup d'État inspirée par l'Iran qui voulait remplacer la dynastie régnante par une République islamique.

Mais un grand changement va transformer toutes les préoccupations des pays de l'or noir : la mévente du pétrole...

*
**

Les Émirats arabes unis sont d'autant moins préparés à cette chute de la vente du pétrole qu'ils viennent tout juste de connaître le boom consécutif aux deux chocs pétroliers de 1973 et 1979. Or voilà que les banques manquent de liquidités et que les flux migratoires commencent à s'inverser dans ces pays qui comptent davantage d'immigrés que d'autochtones. À cela s'ajoute le retour d'Europe ou des États-Unis de jeunes diplômés qui ne trouvent pas d'emploi chez eux.

Certes, en vingt ans, ces pays ont accumulé les réussites. En dépit des prédictions pessimistes, le développement de l'enseignement et de la médecine – tous deux gratuits – incarne à merveille les bienfaits de l'État providence, au moins pour leurs ressortissants.

L'invasion du Koweït par l'Irak, en août 1990, dévoile la vulnérabilité des émirats. Malgré les efforts d'intégration militaire au sein du Conseil de coopération du Golfe, tous font appel dans ce domaine à l'assistance occidentale.

À l'intérieur même de ces États, si la légitimité interne des monarchies du Golfe n'est pas vraiment remise en cause, les élites marchandes et technocratiques demandent de plus en plus à prendre part au processus de décision. Beaucoup pensent en effet que le pacte traditionnel entre les familles régnantes et la caste des marchands, offrant le pouvoir aux premières et les affaires aux seconds, a été rompu par les familles royales. Les princes se sont immiscés dans les affaires commerciales, abusant de leur position pour emporter les marchés. D'autre part les jeunes diplômés, frais émoulus des écoles occidentales, supportent mal la tutelle de supérieurs hiérarchiques dont les importantes responsabilités ne sont dues qu'à leur parenté avec l'émir, sans lien aucun avec d'éventuelles compétences.

Ces esprits critiques réclament une nouvelle définition de la répartition du pouvoir. La crise révèle aux habitants des différents émirats leur citoyenneté. Aux Émirats arabes unis, elle s'est manifestée par l'appel à une conscription volontaire des jeunes Émiriens. Si sa fonction militaire est plus que douteuse, elle paraît en revanche remplir une fonction civique d'allégeance à l'État fédéral, en brassant des jeunes gens originaires des différents émirats.

Sur le plan politique, les Émirats arabes unis sont à la croisée des chemins et doivent absolument envisager des réformes, même si de réels progrès ont déjà été réalisés.

*
**

En ce qui concerne Dubaï, les anciens se souviennent d'un temps pas très éloigné où les routes n'existaient pas encore. Lorsque furent construites les premières chaussées, les nomades continuaient de faire rouler leurs camionnettes sur le sable, de peur d'abîmer leurs pneus sur ces longs rubans noirs de bitume.

En fait, les familles vraiment riches se comptent sur les doigts de la main. La grande majorité des Émiriens vit dans le surendettement. Qu'il s'agisse de se marier, d'acquérir une voiture ou un logement, la population fait appel à un seul interlocuteur : la banque. Pourquoi se priverait-elle d'un tel privilège ? Acheter ne représente aucun risque. Les Émiriens n'encourent pas réellement de poursuites s'ils ne respectent pas l'échéance de leurs traites : aucune banque n'aurait l'inélégance de faire condamner un des leurs. La loi, je l'ai déjà dit, est généreuse et tolérante envers les locaux, car ils sont nettement minoritaires dans leur propre pays.

Il faut dire que là où s'élève Dubaï aujourd'hui il n'y avait, jusqu'au XXe siècle, qu'un petit village de pêcheurs écrasé sous l'autorité d'Abu Dhabi. Mais face aux modestes ports du Golfe, celui de Dubaï avait l'avantage non négligeable de pénétrer profondément à l'intérieur des terres. Cette prévenance de dame Nature va prendre toute son importance en 1902. À partir de cette année-là, des droits de douane dispendieux appliqués sur toutes les marchandises importées et exportées par les ports de la côte perse cause la ruine de Lingah, qui a bénéficié jusque-là d'une position dominante à l'entrée du Golfe. Le commerce provenant des Indes et destiné à la côte de la Trêve se dirige désormais vers Dubaï.

Grâce au commerce international, Dubaï abritait, vers 1910 déjà, une population très cosmopolite, bien plus que les émirats voisins. Les Bani Yas, la tribu arabe qui avait fondé la ville, étaient majoritaires chez eux, mais de justesse avec quatre cent quarante familles. Le reste de la population se composait essentiellement d'Arabes de Bahreïn ou du Koweït, de Persans, d'Indiens et d'une poignée de Britanniques.

Il y a à peine plus d'une génération, Cheikh

Rashid bin Maktoum, fondateur de la Dubaï moderne, était encore établi au bord de la baie et quémandait aux passants quelques pièces pour leur faire traverser les eaux sur ses ferry-boats. Tout allait changer en 1956. Avant même la découverte de gisements importants, la manne du pétrole commençait déjà à faire ressentir ses effets bénéfiques avec le développement des infrastructures. En effet, la Petroleum Development britannique, qui détenait la concession d'exploitation du pétrole, cherchait alors à développer un port dans la région, et l'émir de Dubaï sut séduire les investisseurs.

La crique fut draguée car son ensablement, survenu dans les années cinquante, empêchait l'accès aux navires de fort tonnage. Les travaux s'achevèrent à la fin de 1960. Dès lors les compagnies maritimes commencèrent à considérer Dubaï comme le port principal de la région du Golfe.

D'autres rades, toujours à Dubaï, furent bientôt mises en chantier pour répondre au trafic maritime croissant. La construction de bassins en eau profonde commença en 1967. Port-Rashid, destiné à la maintenance de gros bateaux, fut inauguré le 5 octobre 1972. Enfin, le plus grand port artificiel du monde fut construit plus tard à Jebel Ali, au sud de la ville.

Comme les autres pays du Golfe, Dubaï est évidemment un producteur de pétrole. Mais, contrairement à Abu Dhabi, cet émirat ne tire du pétrole que six pour cent de ses revenus. Heureusement, car l'or noir s'épuise. On estime que Dubaï aura puisé sa dernière goutte à l'horizon 2015. Mais qu'importe ! La ville et son port ont depuis longtemps affirmé leur vocation de carrefour intercontinental entre l'Europe, l'Asie et l'Afrique. L'émirat n'a donc pas trop à redouter de l'avenir.

Durant ces trente dernières années, le statut de plaque de transit régional à vocation internationale de Dubaï n'a cessé de s'amplifier. Et le développement de zones franches, notamment celles qui sont spécialisées dans l'électronique, l'immobilier de luxe et les complexes touristiques, tourne résolument Dubaï vers le temps de l'après-pétrole.

Construite autour du port, la zone franche de Jebel Ali, fondée en 1985, fut initialement conçue pour être la base idéale des multinationales, qui pouvaient entreposer leurs produits avant de les distribuer dans le Golfe. Au fil des années, diverses industries s'y sont établies, incluant distribution, commerce et services.

Personne ne connaît l'état véritable des finances de l'émirat, mais sa richesse est bien réelle. La croissance, fortement diversifiée, s'appuie essentiellement sur quatre secteurs. D'abord, le développement du commerce traditionnel. Les immeubles qui longent la baie sont futuristes, mais ce sont toujours les vieux rafiots en bois qui transportent vers l'Iran, l'Inde ou Zanzibar les biens de consommation et le matériel de récupération. Dans le même temps, grâce à ses vastes zones franches et à l'aéroport le plus fréquenté du Proche-Orient, Dubaï est à la pointe du fret moderne : les marchandises ne mettent que quatre heures pour passer du bateau à l'avion. Deuxième source de richesse : son rôle de représentation commerciale pour la région du Golfe, mais qui s'étend vers l'Afrique, l'Asie et les républiques de l'ex-URSS. En troisième lieu vient le tourisme. Il y a dix ans, Dubaï ne comptait que quarante-quatre hôtels, il y en a deux cent cinquante-sept aujourd'hui, et l'émirat ambitionne d'attirer vers ses plages quinze millions de touristes par an dès 2010, soit près de cinq fois plus qu'aujourd'hui.

Enfin, Dubaï est entrée dans l'ère numérique. Une nouvelle ville multimédia en zone franche, c'est-à-dire exempte de toute imposition, émerge déjà du désert et attire les grandes sociétés internationales, notamment américaines.

Actuellement, les Dubaïotes sont sur le point de mettre la dernière pierre aux travaux pharaoniques de la construction d'une île en forme de palmier. Achevée sans doute pour l'été 2004, elle s'ouvrira aussi à des propriétaires étrangers : une grande réforme dans ce pays où les non-Émiriens n'ont ordinairement pas le droit d'acheter directement une maison ou un appartement.

Bref, Dubaï a toutes les allures d'une région prometteuse et résolument moderne, et l'on ne pourrait imaginer qu'elle reste sous la férule d'une tradition surannée. Dans cette ville où j'attendais avec tant d'impatience de m'installer, je voyais s'épanouir les projets, les richesses et le cosmopolitisme. Je me sentais en sécurité...

*
**

Pendant tout le temps nécessaire à la validation de mon diplôme de prothésiste, je me suis donc établie à Sharjah. Au départ, mon visa n'était valable que quinze jours. Comment allais-je pouvoir rester plus longtemps dans le pays sans repasser par la case visa ? Rien de plus simple, en réalité. Il suffit de franchir les frontières des émirats en prévoyant un retour dans la journée. Sitôt parti, sitôt revenu. Bon nombre d'étrangers, coutumiers du fait, n'hésitent pas à venir grossir les rangs de ce véritable trafic organisé en prenant l'avion pour Doha, au Qatar, puis en embarquant dans un autre appareil qui les reconduira au point de départ. Ainsi, la légalité est sauve. Un monde fou accomplit ce circuit obligé pour la somme de cinq cents dirhams, soit cent cinquante euros. Dans l'avion, il m'est arrivé de rencontrer des familles entières qui procédaient de cette manière depuis des années. Hommes, femmes et enfants, ne détenant aucun papier de résidents, accomplissent ce périple tous les trois mois.

Je suis restée deux mois à Sharjah... Je passais par des hauts et des bas. Mon fils me manquait terriblement. Bien sûr il y avait les moments que nous partagions au téléphone, mais j'avais envie de le serrer dans mes bras. De plus, j'étais souvent tiraillée par le doute. Avais-je fait le bon choix en décidant de tout quitter pour m'installer dans ce pays ?

Tous les jours où presque, je me rendais au consulat pour m'enquérir de la progression de mon dossier. C'est ainsi que j'ai peu à peu fait connaissance avec tous les fonctionnaires de la représentation française.

Au moment où j'allais enfin pouvoir souffler et envisager mon avenir sous un jour meilleur – j'avais entre les mains mon diplôme dûment validé – un obstacle inattendu a surgi. Le représentant du ministère de la Santé de Dubaï m'a asséné froidement :

– Pour travailler ici, il faut avoir un minimum de cinq ans d'expérience...

Comment ça ? Personne ne m'en avait jamais rien dit ! Pourquoi fallait-il que je sois informée des démarches à accomplir au compte-gouttes ? N'aurait-il pas été plus simple d'annoncer la couleur dès le début ? Cela m'aurait évité quelques désillusions inutiles. Sans compter cette perte de temps...

Fraîchement émoulue de l'école, je ne possédais évidemment pas ces fameuses cinq années obligatoires. Je m'apprêtais à plier bagages et à repartir la mort dans l'âme, mon beau rêve en miettes, lorsque par chance le poste d'expansion économique, c'est-à-dire le secteur commercial du consulat, m'a proposé de suivre une formation commerciale en France dans le but d'effectuer ultérieurement des missions pour eux, sur place. Trilingue, parlant français, anglais, arabe, j'avais le profil recherché.

L'idée m'a séduite. De toute façon, je ne tenais pas tant que cela à poursuivre dans la voie de la prothèse dentaire. Au fond, je savais bien que ce n'était pas pour moi une vocation. C'était plutôt le rêve de ma mère.

Ce que j'ignorais encore, c'est que même avec l'expérience requise il m'aurait été impossible de pratiquer ce métier...

*
**

Mon état de santé, en effet, n'allait pas tarder à se dégrader... Peu de temps après être rentrée de Dubaï, j'ai fait un malaise. Par moment, il m'arrivait de ne plus sentir mon bras droit. J'ai eu de la fièvre pendant trois jours consécutifs. Tout cela ne présageait rien de bon. Peut-être étais-je atteinte de la maladie de la vache folle – affection dont on parlait beaucoup à l'époque – car, parfois, mes jambes se dérobaient soudainement. Le premier médecin consulté, pensant à un état de fatigue avancé, s'est contenté de me prescrire du magnésium. Sans aucun effet. J'ai vraiment commencé à m'inquiéter lorsque ma mère, alors que je me déshabillais, s'est écriée un soir :

– Tes mollets !

Le deuxième médecin appelé à la rescousse s'est aperçu que j'étais effectivement victime d'une fonte musculaire au niveau des mollets. J'ai dû effectuer en urgence une prise de sang puis une biopsie qui ont révélé une maladie orpheline, c'est-à-dire extrêmement rare : une myosite. Cette affection d'origine neuro-musculaire atteint les muscles, comme il se doit. Il n'existe aucun traitement pour stopper l'évolution de cette maladie, qui peut soit stagner soit progresser sans que l'on ait les moyens d'agir lors de la deuxième hypothèse. Me voilà donc dans l'obligation de supporter des douleurs musculaires régulières, parfois plusieurs jours d'affilée.

En apprenant le mal dont j'étais atteinte, j'ai évidemment aussitôt pensé à mon fils, comme chaque fois qu'il m'arrive quelque chose de grave. Dans mon esprit, subir les affres de l'existence n'est rien en comparaison de la souffrance qu'il pourrait avoir à supporter par ma faute. Cette idée m'est intolérable. J'avais une maladie orpheline. Soit. Acceptons le mauvais sort. Je n'étais pas la première et ne serais pas la dernière. Mais mon enfant n'avait rien à voir dans cette histoire. Je me devais de garder le moral pour lui. Heureusement, je n'ai pas pour habitude de m'apitoyer sur mon sort. De plus, les médecins m'avaient dit que le soleil ne pouvait qu'exercer un effet bénéfique sur mon état. Il n'était donc pas question d'abandonner la piste de Dubaï et son climat favorable.

Ma formation de technicienne supérieure en commerce international, proposée par le consulat et effectuée au cours de l'année 2000 à Brive-la-Gaillarde, m'a confortée dans l'idée de poursuivre coûte que coûte mon projet : m'établir définitivement dans les émirats. En attendant, je me suis installée dans la petite ville corrézienne avec mon fils et ma mère et, dès lors, j'ai pu effectuer des séjours ponctuels d'une semaine ou quinze jours à Dubaï, à l'occasion de salons, chaque fois que le poste d'expansion économique avait besoin d'une interprète.

Jusqu'au jour où une entreprise française a fait appel au consulat pour trouver quelqu'un qui soit susceptible de procéder à des relevés de prix de produits de luxe dans les boutiques des aéroports du Golfe. Cette société était chargée par les grandes marques de parfumerie et de cosmétique d'effectuer des études sur l'ensemble des produits concurrents dans le monde. Pour mener à bien ses enquêtes, elle procédait donc à des relevés de prix en magasin à partir d'un catalogue établi à Paris. Un job idéal pour moi !

J'ai fait mes premières armes à Abu Dhabi. Non sans mal car il n'était guère facile d'intégrer ce marché-là, les distributeurs locaux n'acceptant pas aisément ce genre de démarche. Mais enfin... Je suis parvenue sans encombre au terme de la mission qui m'avait été confiée. Expérience concluante. Par la suite, on m'a également confié l'aéroport de Dubaï.

Lors de mon deuxième séjour à Dubaï, j'ai pensé qu'il serait judicieux que mon fils – alors âgé de quatorze ans – m'accompagne afin de découvrir le pays. Depuis le temps que je lui en parlais... Il fut subjugué, lui aussi.

Lorsque j'en suis revenue, au mois d'octobre 2002, mes employeurs envisageaient de me confier toute l'étude du marché du Proche-Orient. J'avais vraiment à cœur de concrétiser mon projet. L'occasion d'un nouveau départ pour mon fils et moi. J'étais d'autant plus enthousiaste que le système scolaire, là-bas, permet de terminer les cours à treize heures trente. Avec la chaleur qu'il fait, les enfants disposent de tout l'après-midi pour se baigner. Les plages sont féeriques à Dubaï, avec des palmiers grands comme ça, du sable fin, une mer bleue... Bref, le paradis ! Ajoutez à cela le fait que les Dubaïotes sont dans l'ensemble plutôt aimables et sympathiques.

Tout du moins tant que tout va bien...

5

La descente aux enfers

Et voilà que, sauvagement violée par trois hommes, je découvre, contre mon gré, la face cachée de ce paradis. Mes agresseurs m'ont fait pénétrer de force dans l'envers du décor. L'enfer du décor.

J'hésite d'abord sur la conduite à tenir. Hagarde, effondrée, je ne pense qu'à une chose : effacer la souillure dont j'ai été victime. Sans grand espoir de m'en débarrasser tant elle est enfouie en moi. Finalement, dans l'après-midi, je pars porter plainte contre les trois inconnus. Garder le silence reviendrait à cautionner leur acte monstrueux.

En entrant dans le commissariat, je n'imagine pas encore ce qui m'attend. Lorsque vient mon tour, je raconte au policier qui m'interroge de quelle manière les trois Émiriens m'ont invitée à monter dans leur voiture, de quelle manière ils ont subitement changé de route, de quelle manière ils m'ont entraînée dans une villa où un quatrième homme, le propriétaire des lieux, a ouvert sa porte puis a disparu pour ne réapparaître qu'au petit matin. Je raconte comment celui-ci, alors, les a sommés de déguerpir avant de me raccompagner à l'hôtel. Je dis aussi qu'au moment où nous allions partir, dans la lumière des phares, j'ai eu le temps de lire la plaque d'immatriculation du véhicule des trois hommes qui prenaient la fuite. Dans un sursaut de lucidité, le cœur battant, j'ai noté à toute vitesse sur un bout de papier trouvé dans mon sac ce qui, je l'espérais, permettrait de les identifier et – par là même – de me sauver d'éventuelles représailles de leur part.

Le policier à qui je me confie semble m'écouter attentivement et acquiesce à chacune de mes remarques. J'ai la sensation qu'il me comprend et cela me réconforte.

Munis du numéro d'immatriculation, les agents des services de renseignement émiriens commencent, avec mon aide, à rechercher les coupables. En leur compagnie, dans un gros quatre-quatre aux vitres teintées, je tourne dans la ville et ses environs pour tenter de retrouver la villa. Là, je me rends compte que la police est infiltrée partout à Dubaï. Sous tous les déguisements possibles et imaginables. Les policiers n'hésitent pas à porter des vêtements indiens, à parler hindi ou yéménite afin de noyauter toutes les ethnies. Même dans les souks, m'a-t-on expliqué par la suite, les populations sont constamment sous la surveillance de caméras.

Cette traque va durer des jours... Nous n'arrêtons pas d'aller et venir, à tel point qu'il m'est difficile de me sustenter ou de me reposer. La journée, la nuit, nous roulons dans les rues de Dubaï et dans sa périphérie. Les agents me déposent à quatre ou cinq heures du matin et reviennent me chercher trois heures plus tard. Chaque fois, je m'accroche à la certitude de pouvoir faire mouche. L'arrestation de mes agresseurs ne réparera jamais l'outrage qu'ils m'ont fait subir, mais elle permettra de me rendre justice. Un minimum...

Au bout de quelques jours, la villa est localisée. Les policiers m'incitent alors à téléphoner au propriétaire pour obtenir son témoignage. Il n'a rien à craindre car, en définitive, cet homme ne m'a fait aucun mal. Je lui dois même la vie. Je l'appelle en utilisant le portable des agents qui m'accompagnent. Il doit sentir au ton de ma voix et aux mots que j'emploie que je suis surveillée, il percute aussitôt et me dit simplement :

– Ah, tu as prévenu la police...

Je le sens déçu.

Grâce au travail sans relâche des hommes chargés de mon dossier, l'un de mes agresseurs (celui qui conduisait la voiture) est retrouvé. Lorsque nous arrivons devant chez lui – une villa superbe dans un quartier résidentiel –, les policiers comprennent qu'il s'agit d'une personnalité haut placée. En effet, le groupe de maisons appartient à la famille al-Maktoum. Pourtant, ils ne se laissent pas impressionner. Ils appellent le suspect avec leur portable en lui intimant l'ordre de se rendre immédiatement.

– Sinon on entre dans la maison, précisent-ils.

– Allez-y, je vous rejoins au commissariat, répond mon agresseur.

– Non, tu te rends maintenant.

Après avoir négocié un moment, l'homme leur donne rendez-vous un peu plus loin, devant une station-service.

À son arrivée, j'ai un coup au cœur. C'est lui ! Aucun doute là-dessus, je le reconnais immédiatement. Cachée derrière les vitres teintées du quatre-quatre, parcourue de frissons, je me tasse un peu plus. Dans mon esprit, cet homme et ses comparses n'ont pas achevé le but qu'ils s'étaient fixé : me supprimer.

Par la suite, je dois me soumettre de nouveau à la même épreuve : reconnaître les deux autres – identifiés eux aussi – mais derrière une glace sans tain cette fois-ci. Ils sont accompagnés du propriétaire de la maison. Chacun d'entre eux passe trois fois, habillé différemment. L'épreuve est douloureuse. Elle me rappelle avec quelle violence ils se sont servis de mon corps, chacun à son tour, hormis le propriétaire de la maison. Je constate avec effroi que la cruauté de leur regard est gravée en moi.

Pour toujours.

*
**

Dans l'attente du procès de mes violeurs, j'essaie vainement de rencontrer quelqu'un du consulat de France. Je sais en effet que j'aurai besoin d'un avocat et peut-être de l'aide de la représentation de mon pays.

Ce pressentiment ne va pas tarder à se justifier. Car les choses ne se passent pas tout à fait comme je l'attendais.

Au lendemain de l'identification de mes agresseurs, j'ai reçu un coup de fil sur mon portable alors que je roulais en taxi en direction du consulat, justement. On me demandait de passer d'urgence au poste de police. Une histoire de papier à signer, une formalité administrative... Je n'en aurais pas pour longtemps, dix minutes au maximum. J'ai donc prié le chauffeur de changer de cap : direction le commissariat. Arrivée sur place, on m'a fait entrer dans le bureau où je me suis soudain trouvée en présence des deux agresseurs que j'avais vus derrière la glace sans tain, toujours flanqués du propriétaire de la villa. Le choc ! Les voir ainsi à quelques centimètres de moi me donnait la nausée. Pourquoi ne m'avait-on pas prévenue ?

Et avant que j'aie pu dire quoi que ce soit, on m'assène une version des faits complètement délirante :

– Nous avons un nouveau rapport. Nous allons vous le lire. Nous savons que vous êtes allée avec eux, que vous avez passé la soirée avec eux, que vous avez été au restaurant avec eux, que vous étiez consentante et qu'ils vous ont payée pour vos services...

En clair, je suis censée avoir eu des « relations sexuelles hors mariage », accusation on ne peut plus grave dans ce pays. En réalité, si l'on traduit littéralement ce qui m'est reproché, il serait plus juste de dire : « relations forcées avec consentement ». Si la situation n'était pas si dramatique, j'en rirais presque. Le non-sens voire l'absurdité des charges qui pèsent sur moi crève les yeux. Si l'on « force » une femme à avoir des relations sexuelles contre son gré, comment peut-elle être consentante ? Qui peut me l'expliquer ? Certainement pas les policiers qui ne trouvent rien à redire à cette situation grotesque. Après avoir passé plusieurs jours avec moi afin de mettre la main sur les trois hommes, voilà qu'ils se rangent du côté des violeurs, sous un motif qui se contredit lui-même !

Le procureur chargé de mon dossier ne se montrera pas mieux disposé à mon égard. Pour lui la cause est entendue, vu mes origines.

– Vous êtes marocaine et les Marocaines on les connaît...

Je l'ai dit, il existe à Dubaï un réseau de prostitution constitué de compatriotes qui ne semblent pas avoir bonne réputation. J'ai beau expliquer en long et en large au procureur mon rôle au sein du poste d'expansion économique, il ne m'écoute pas.

Si le consulat, à qui j'avais demandé de l'aide, était intervenu par la suite auprès de lui en confirmant la réalité de mes activités, tout aurait pu s'arranger. Mais non, pour une raison que j'ignore, black-out total de ce côté-là. C'est tout de même insensé ! Je ne comprends rien à ce qui m'arrive. Le consul et le vice-consul sont absents chaque fois que je les appelle, comme par hasard. La seule personne qui daigne me répondre me communique le numéro de téléphone d'un bureau canadien – pourquoi canadien ? je ne le saurai jamais –

qui m'envoie immédiatement un avocat, un Émirien, comme la loi l'exige. Mais lorsque je le rencontre enfin, c'est pour apprendre que je n'ai pas le droit de lui parler !

Ionesco n'aurait pas fait mieux...

*
**

Les menottes aux poignets... Comme si j'étais une criminelle. Sans aucun moyen de défense, livrée à moi-même, je ne peux que constater avec horreur la méprise et la dérive de cette affaire à laquelle je suis mêlée, mais qui prend une drôle de tournure. Je suis totalement désemparée lorsque les policiers stoppent leur véhicule devant la maison d'arrêt. Ce n'est pas possible, je vais me réveiller. Ce cauchemar va bientôt prendre fin. Mais bon sang, si aux yeux de la loi je passe pour une prostituée, alors qu'on m'expulse, puisque cette loi elle-même l'exige ! Mais non... Au lieu de cela, après avoir subi un viol, après avoir déposé plainte, me voilà sur le point d'être incarcérée. De quoi suis-je punie, exactement ? D'avoir osé dénoncer les agissements répugnants de certains Émiriens ? Ils auraient tant voulu que je me taise, que je subisse dans la résignation et le silence. Ah, si mes agresseurs avaient été des étrangers, le déroulement de l'affaire aurait pris une autre tournure ! Une tournure en ma faveur, certainement. Mais, ici, les autochtones passent en premier. Sur le podium viennent ensuite les Américains suivis des Anglais puis, par ordre de préférence, les Français et les Italiens. Tout en bas du classement se trouvent les Indiens. Les pauvres... Ceux-là, autant ne pas en parler. Aux yeux de la justice dubaïote, ils n'existent même pas.

Combien de temps vais-je croupir en cellule ? J'ose à peine y penser. Pour le moment, j'ai comme l'impression d'être sur un bateau prenant l'eau de toute part. Ballottée de droite à gauche, je tangue avec la peur au ventre de n'avoir bientôt pas d'autre choix que celui de couler à pic.

Ce n'est pas ce grand couloir avec, de chaque côté, des cellules conçues pour six détenues qui me remontera le moral. Je ne suis pas la seule étrangère dans les locaux : toutes les nationalités sont représentées ici, ou presque. Cette maison d'arrêt est réservée aux étrangères. Il est inconcevable que nous soyons mélangées avec des Émiriennes.

Dans mon malheur, j'ai la chance de cohabiter avec une Marocaine. Nos origines communes nous rapprochent et partager un peu de ma peine avec une de mes « sœurs » me réconforte. Je fais vite la connaissance des autres détenues. Celles qui ne parlent pas l'arabe s'adressent souvent à moi pour que je leur apporte un peu d'aide, en leur traduisant certains documents notamment. Échanger quelques mots, discuter de tout et de rien me permet d'évacuer le stress. Enfin, un peu...

La prison et son ennui mortel... Pour nous calmer, voire nous assommer, la cuisine et le thé sont assaisonnés d'une herbe légèrement soporifique. N'empêche... Il faut tout de même se réveiller à cinq heures du matin, histoire de nettoyer la cellule à grands renforts de seaux d'eau et de savon. Malgré les coups de serpillière, une odeur nauséabonde – mélange de sueur et de désinfectant – plane et imprègne jusqu'à nos vêtements.

Peu à peu l'inertie me gagne. Plus d'appétit. Je me morfonds. Deux gardiennes en particulier s'inquiètent pour moi.

– Il y en a une qui va mourir ici, c'est Touria, disent-elles.

Un peu de compassion de leur part me

permet de bénéficier d'un traitement privilégié. Je peux téléphoner librement, notamment à la secrétaire du consul de France dont je possède le numéro de portable, mais surtout à ma mère et à mon fils, les seuls à me donner la force de tenir. En même temps, les savoir l'un et l'autre loin de moi alors que je nage dans la tourmente augmente ma détresse. Chaque appel est l'occasion de m'imprégner de leurs voix. Je suis dans leurs pensées, ils me le répètent, effondrés à l'idée de ce qui m'arrive. Je sais qu'ils ne me laisseront pas tomber. Des milliers de kilomètres nous séparent mais la force de nos liens me murmure de ne pas perdre courage. Et pourtant, je me sens si désespérée...

C'est là, dans cette prison, en voyant le nombre de filles innocentes incarcérées, que j'ai eu l'idée, l'envie puis le besoin vital d'écrire ce livre. Chaque cas est différent mais tous ont ceci en commun : l'injustice et l'aberration. Comment sortir des mailles du filet lorsque la loi et par conséquent la justice sont programmées pour agir contre vous ?

Je me souviens de cette détenue, une infirmière qui travaillait au service des prématurés de l'hôpital de Dubaï. Une de ses tâches consistait à changer la bouteille de sérum des nourrissons affaiblis par une naissance précoce. Un jour, sans doute par erreur, quelqu'un a placé une bouteille d'alcool dans le placard réservé au sérum. L'infirmière a donc administré une mauvaise perfusion au bébé qui n'a pas survécu. Impossible de faire la différence à l'œil nu entre ces deux liquides aussi transparents que de l'eau claire. La famille émirienne a déposé plainte et l'infirmière s'est retrouvée en prison. Les parents ont compris par la suite que l'erreur n'était pas imputable à la jeune femme et ont alors retiré la plainte dirigée contre elle. Mais l'hôpital n'a pas accepté ce revirement de situation et a décidé de poursuivre la procédure...

Et cette Philippine qui travaillait dans un supermarché de la ville ! Elle n'a pas eu plus de chance, elle qu'on a accusée d'avoir volé dix mille dirhams dans la caisse, soit un peu plus de trois mille euros. Le directeur du magasin n'a pas cherché à savoir qui était le véritable coupable puisqu'il en tenait un tout désigné : une femme, étrangère qui plus est. La pauvre venait à peine d'arriver dans le pays. Bienvenue à Dubaï...

Une autre Philippine qui travaillait pour la Compagnie aérienne des émirats s'est vue dénoncer par une collègue parce qu'il lui arrivait de fumer de prétendus joints. Peine encourue : quatre ans de prison.

Certaines histoires m'ont encore plus choquée. L'une de mes codétenues, une fille âgée de vingt-huit ans, s'était fait enlever, violer et larder de coups de couteau avant d'être abandonnée en plein désert. Je ne sais par quel miracle elle a pu se retrouver sur une route, mais une voiture s'est arrêtée. La fille était en sang. À l'hôpital, où le conducteur du véhicule l'avait déposée, elle a raconté son drame aux médecins qui n'ont rien trouvé de mieux à faire que d'appeler la police. Quand je suis arrivée, cela faisait neuf mois que la fille croupissait derrière les barreaux pour « relations sexuelles hors mariage ».

Et que dire de cette Italienne qui, parlant le français, a pu me raconter son histoire... Propriétaire d'une école à Dubaï depuis trente ans, elle s'était endettée pour créer son établissement. Un jour, les autorités ont décidé qu'elles avaient besoin du terrain sur lequel s'élevait cette école. Ce terrain-là, pas un autre. Elles ont fermé l'institution, empêchant ainsi la propriétaire de gagner sa vie et, par là même, de payer ses dettes. Le procureur en charge de son dossier, lors de la première audition, lui a donné un quart d'heure pour régler son passif.

– Si j'avais les moyens de payer en un quart d'heure, je l'aurais fait depuis longtemps, a répliqué l'Italienne.

Magnanime, le procureur lui a accordé un délai supplémentaire :

– Alors on vous laisse une heure...

Sans commentaire...

Les prostituées, elles, semblent bénéficier d'un régime un peu moins sévère. Munies de leur passeport et d'un billet d'avion fourni gracieusement, elles sont le plus souvent récupérées par le service d'immigration qui se charge de les conduire ensuite à l'aéroport, direction leur pays d'origine. Elles ne font pas de prison, ne sont pas condamnées. Elles sont simplement expulsées. La prostitution est pourtant une forme de relation sexuelle hors mariage, non ? Cependant, elles risquent infiniment moins qu'une femme violée sur le plan juridique. De quoi perdre la raison...

*
**

Dans cet univers froid et hostile, chaque nouvelle rencontre, chaque nouvelle audition est pour moi comme une lueur d'espoir de pouvoir me faire entendre. D'ailleurs, un prochain rendez-vous doit avoir lieu avec le procureur la semaine prochaine. Jeudi, très exactement. Mes compagnes de cellule sont surprises : c'est bien la première fois qu'elles voient quelqu'un passer au tribunal ce jour-là. Habituellement, aucune audience ne se déroule durant le week-end dans les pays musulmans.

Pourtant, le jeudi, ma cellule s'ouvre en fin de matinée, à un moment où toutes les administrations sont déjà fermées, bien entendu. Pour entrer dans le tribunal, nous sommes obligés de passer par une petite porte qui se trouve derrière le bâtiment. Il n'y a personne dans les couloirs, pas d'autres accusés. Seulement mes gardiens et moi, menottes aux poignets... Lorsque le procureur daigne enfin me recevoir, il est près de seize heures !

En l'attendant, j'ai eu le temps de réfléchir. Je ne suis pas dupe de la manœuvre. Pour moi, il s'agit d'un coup monté. Pourquoi me faire passer en catimini, un jour où personne ne travaille, si ce n'est pour m'enfoncer un peu plus ? Le consul de France ne se déplacera pas, c'est certain. L'excuse est toute trouvée. Pour quelle raison s'obstine-t-on à me vouloir coupable ? Suis-je donc si dérangeante ?

Deux de mes agresseurs font leur apparition, accompagnés de leur famille, de leurs avocats et du propriétaire de la maison. Le troisième agresseur a, quant à lui, définitivement disparu. Il a pourtant été parfaitement identifié par les services compétents, mais aucun document ne mentionne son nom nulle part et personne n'a jamais pu mettre la main dessus. À croire qu'il s'est volatilisé dans la nature. Sans doute est-il trop puissant, trop en vue et trop riche pour être inquiété.

Maigre, sec et barbu, le procureur, dès le début de la confrontation, se montre odieux. Je suis abasourdie de voir de quelle manière il me traite. Pire qu'un chien. Je n'ai aucun droit. Ni celui de m'expliquer – lorsque je tente de le faire, il me rabroue par un « Ton cinéma, tu le gardes pour toi » – ni le droit de m'entretenir avec mon avocat. Dans de telles conditions, mes nerfs craquent et je me mets soudain à pleurer. Le procureur trouve encore le moyen d'ironiser. Selon lui, je suis une très bonne actrice, digne de jouer dans un « film indien », allusion à ces comédies sirupeuses qui ont tant de succès dans les pays arabes. Il me répète sans cesse, d'une voix cassante :

– Répondez pas oui ou par non. Vous ont-ils agressée sexuellement ?

– Oui.

– Avez-vous été sodomisée ?

– ...

– Taille du sexe ?

– ?

J'ai à peine le temps de répondre qu'il enchaîne avec une autre question. Durant des heures, il prend un malin plaisir à entrer dans les détails de l'agression. Horrible ! Sans compter ses allées et venues soit pour grignoter, soit pour boire un verre de thé. Je bous intérieurement de ne pas être entendue comme je le devrais. Pour un peu, j'exploserais de colère et je leur mettrais à tous mon poing sur la figure, tant je me sens frustrée et bafouée. Mes agresseurs, eux, ont tout loisir de s'exprimer. Inutile de préciser de quel côté se trouve le procureur qui, au fur et à mesure, m'enfonce un peu plus, allant jusqu'à m'humilier.

– Vous, les Marocaines, on sait ce que vous valez. Ils ne t'ont pas payée, c'est ça ?

Ben voyons ! Ils ne m'ont pas payée, alors –

pour me venger – je n'ai rien imaginé de mieux que cette histoire de viol. L'argument est tout trouvé pour les agresseurs qui ne se privent pas de reprendre les accusations du procureur à leur compte. Trop contents d'enchaîner sur cette idée, ils s'engouffrent dans la brèche. Ils ont effectivement refusé de me régler. La dispute n'est rien d'autre qu'un différend d'ordre financier !

La dispute ? Qualifier un viol de dispute...

Je n'ai pas l'intention d'en rester là. Je renchéris.

– Mais vous ne voyez donc pas qu'ils ont gâché ma vie ?

Le procureur reste sourd à ma douleur. Il ose même m'asséner un coup de poignard supplémentaire.

– Et toi ? Tu n'as pas gâché la leur, peut-être ! Ils sont jeunes, et ils risquent un minimum de quatorze ans de prison...

Je rappelle au procureur la visite médicale passée le jour où j'ai porté plainte. La femme médecin qui m'a examinée a même pleuré lors de mon récit. Peut-être savait-elle ce qui m'attendait. Quoi qu'il en soit, elle est en mesure d'attester avoir relevé des traces de violences sexuelles. Il suffit de lire le rapport. Mais ce rapport, le procureur s'en contrefiche. Il jette un coup d'œil méprisant aux conclusions mentionnées noir sur blanc tout en lâchant ces mots d'un ton dédaigneux :

– Je vais l'appeler, celle-là, pour voir si elle est prête à jurer sur le Coran que ce qu'elle a écrit est bien la vérité.

Pourtant, en précisant que les trois hommes encouraient une peine de quatorze ans de prison quelques instants plus tôt, le procureur ne venait-il pas d'envisager comme probable la thèse du viol ?

Fin de l'entretien.

Comment ne pas avoir la haine ? Je suis renvoyée une semaine en prison pour la poursuite de l'enquête. Quant à mes agresseurs, ils écopent de la même peine. Pour la forme, uniquement. Sept jours... Voilà donc la valeur de l'outrage subi. Une pièce que l'on me jette à la figure, comme une aumône.

Avant de partir, je me retourne vers le procureur et lui lance, en le regardant droit dans les yeux :

– Où est le prétendu islam auquel vous vous référez ? Celui où le croyant doit avoir du cœur et de la compassion ?

*
**

Si le procureur auquel j'ai affaire ne me tend pas la main, il en est de même des autorités françaises. À croire qu'ils sont de mèche. J'ai pourtant contacté le consulat dès mon dépôt de plainte. Mais je n'ai vu sa représentante qu'après trois jours d'incarcération. Elle m'avait promis verbalement d'intervenir. Malheureusement, je suis tombée sur deux incompétents. Le consul ne bougeait pas le petit doigt sans l'aval du vice-consul, et vice versa. Si les services français avaient été un tout petit peu plus efficaces et attentifs à mon histoire, je n'aurais certainement pas fait de prison. Et qu'on ne vienne pas justifier cette indifférence par mes origines marocaines. De nombreux employés du consulat venaient de pays arabes. Le vice-consul, quant à lui, était d'origine syrienne. Moi qui pensais que l'entraide était naturelle entre « frères »...

Lorsque je dis que le consulat ne s'est pas manifesté, ce n'est pas tout à fait vrai. Rendons hommage à son personnel en indiquant qu'il s'est tout de même déplacé pour s'inviter dans ma chambre d'hôtel afin, soi-disant, de récupérer mes affaires. En réalité, ces bons samaritains ont pris soin de confisquer mes ordres de mission provenant du poste d'expansion économique du consulat ainsi que les papiers à en-tête de cette représentation. Attitude pour le moins curieuse et cavalière... Pourquoi était-il si urgent de brouiller les pistes et de nier tout lien entre eux et moi ? Sur le moment, j'ai supputé une minable affaire administrative qui, finalement, s'est révélée exacte à l'issue de cette affaire. Aujourd'hui, on ne m'ôtera pas de l'esprit que les fonctionnaires en question ont agi de la sorte pour protéger leurs intérêts respectifs. Les mutations n'allaient pas tarder à pointer le bout du nez, avec leur lot de nominations à la clé. Mon histoire de viol risquait de faire des vagues. Et il aurait été vraiment dommage de sacrifier une part de leur avancement pour une pauvre fille qui, après tout, s'était jetée dans la gueule du loup.

Finies alors pour eux la belle vie et les vacances au soleil.

*
**

Le vent serait-il en train de tourner ?

Après une semaine d'incarcération plutôt difficile, j'ai la chance de me trouver face à un autre magistrat – le premier s'est absenté pendant un mois –, beaucoup plus humain celui-là. Le rapport médical, qu'il a parcouru en détail, lui semble tenir debout. Les traces de violence ne sont pas discutables. En revanche, le papier sur lequel, le soir du drame, j'avais noté le numéro d'immatriculation de mes agresseurs a disparu du dossier. Volatilisé lui aussi. Décidément, mon affaire relève de la magie. Pourtant, ce procureur me croit. Je le sens au ton de sa voix et à la manière dont il prend le temps de m'expliquer les termes du dossier dont je ne saisis pas toutes les nuances. Il m'interroge seule, sans témoin et sans pression. Cela me fait un bien fou de constater qu'il reste encore des gens qui font leur métier consciencieusement.

Lors de la nouvelle confrontation avec mes agresseurs, l'attitude du procureur ne se dément pas. J'ai droit à la parole, droit dont je ne me prive pas. Les deux violeurs sont remis à leur place lorsqu'ils tentent de m'interrompre. Verdict : un mois et demi de prison. Sanction ridicule aux yeux des Occidentaux. Mais pour un pays musulman je n'ai pas à me plaindre, paraît-il. Le fait qu'ils soient incarcérés est tout de même la preuve de leur culpabilité, d'une certaine manière. D'un autre côté, comment me réjouir ? Ce ne sont pas ces quarante-cinq jours passés derrière les barreaux qui répareront les dommages subis. Il faudrait que je fasse appel pour qu'ils écopent de plus. Mais ce n'est pas sûr. De toute façon, financièrement et moralement, je n'en ai pas les moyens.

Pour le moment, je ne suis libérée que sous caution. Un point en ma faveur. Mais il faut faire vite pour trouver le cautionnaire ! Le procureur me conseille de téléphoner immédiatement au consulat afin de leur demander de se porter garant de ma libération. Pendant que deux de mes agresseurs sont emmenés vers la prison, je parviens à joindre les bureaux du consulat, le cœur battant. Les papiers nécessaires doivent arriver au tribunal avant la fermeture, soit quatorze heures trente. Il est déjà treize heures ! Par miracle, le document arrive à temps. En échange de mon passeport – sur le moment, je ne réalise pas les conséquences qu'aura par la suite cette transaction –, une des secrétaires du consulat me donne la lettre de caution que je remets sur-le-champ au procureur.

Je suis libre !

Inutile de préciser dans quel état d'euphorie je me trouve. Cependant, je dois modérer ma joie car le parcours du combattant n'est pas terminé pour autant. Il me reste encore à retourner à la maison d'arrêt avec le fameux document, le faire tamponner, récupérer mes effets personnels, retourner au poste de police où j'ai déposé ma plainte dans le but d'obtenir un autre papier avec lequel je pourrai circuler librement.

Sauf que, pour l'heure, je suis dans l'incapacité de quitter le pays puisque je n'ai plus de passeport. La procédure n'est pas achevée et je suis forcée de demeurer à Dubaï. Pour combien de temps encore ?

Dieu seul le sait...

***

Enfin, le consul demande à me voir... On ne peut pas dire qu'il se soit beaucoup manifesté depuis que je lui ai fait part de mes ennuis. Je ne connais pas le motif de sa convocation mais je m'y rends avec célérité. J'aimerais pouvoir récupérer mes ordres de mission qui ne lui servent plus à rien, à présent.

Face au consul et à son adjoint, j'ai l'impression d'avoir affaire à un duo plutôt incongru : le vice-consul est un gros bonhomme moustachu d'une cinquantaine d'années. Les doigts jaunes, il fume cigarette sur cigarette. Le consul, lui, est aussi nerveux qu'il est maigre. Il ne me regarde pas en face, ne répond jamais aux questions et manie avec habileté l'art de passer du coq à l'âne. Une version moderne de Laurel et Hardy, le talent comique en moins...

– J'ai récupéré ces papiers. Que faisaient-ils en votre possession ?

Le consul brandit d'un air mauvais les ordres de mission qui se trouvaient dans mes affaires personnelles récupérées à mon hôtel pendant mon incarcération. Ces ordres de mission m'ont été remis par le poste d'expansion économique de Dubaï, le consul le sait mieux que quiconque. Mais il joue l'idiot, histoire de m'impressionner. Qu'il les garde, si ça lui fait plaisir ! Depuis le début du drame, mon état de fatigue s'amplifie de jour en jour. Je suis dépassée par les événements et la lassitude gagne du terrain. Je n'ai qu'un seul but, qu'un seul rêve : en finir afin de retrouver mon fils et mon pays.

Malgré mes nerfs mis à rude épreuve, une petite voix intérieure me dit que cette libération sous caution n'est pas aussi inespérée qu'elle en a l'air. Sans mon passeport, je ne peux rien. Or le consul refuse de me le restituer, alors que le deuxième procureur ne l'avait même pas exigé !

Encore une fois, je suis lâchée dans la nature sans une épaule sur laquelle prendre appui. À moi de me débrouiller. L'idée d'un complot manigancé par les autorités locales – avec l'aide du consulat – pour me bloquer sur place afin de m'imposer le silence de retour en France ne me paraît pas incongrue. D'ailleurs, peu de temps après, le consulat ne se prive pas de me transmettre un message provenant prétendument des Émiriens : si je veux obtenir mon passeport, je dois auparavant signer un papier mentionnant que je n'ai pas été violée, que j'étais consentante et que je ne parlerai pas aux médias...

Hors de question !

Ils n'ont qu'à me proclamer folle tant qu'ils y sont, ça ira plus vite ! Le consulat ne comprend pas mon refus catégorique. On tente de me raisonner par tous les moyens. Voyons... Suis-je stupide au point de ne pas admettre qu'il s'agit là d'un bon moyen de récupérer mes papiers d'identité ? Stupide, peut-être, mais pas suicidaire... Si je paraphe ce document, je signe mon arrêt de mort. Les Émiriens auront la preuve noir sur blanc de ma prétendue culpabilité.

Qui peut m'assurer, dès lors, que je ne retournerai pas croupir en prison ?

6

Le secours des médias

Être isolée, loin de ceux qu'on aime... Ce sentiment d'exil est insupportable. Ma seule parcelle d'espoir réside en ma mère qui, pendant ce temps, en France, se démène pour me sortir de ce mauvais pas. Mon père aussi est au courant de mes déboires mais je me vois mal faire appel à lui. La vertu des filles est un sujet épineux chez les musulmans et on m'en a, en quelque sorte, dépossédée. Même si je ne suis pas coupable, le sujet est trop délicat pour que je puisse l'aborder librement, surtout avec un homme que je connais à peine. D'ailleurs, je n'en ai guère envie... Rien dans nos relations ne me prédispose à me confier à cet homme froid et distant qui n'a jamais rien fait pour moi. Je n'ai aucune raison de m'épancher sur son épaule. D'autant que sa réaction, à l'annonce de mon viol, m'a laissée quelque peu perplexe. Au lieu de chercher à me contacter, il s'est contenté de dire à ma mère : « Pourquoi ne m'a-t-elle pas appelé ? »

Ma mère, en revanche, suit mon calvaire au jour le jour. Catastrophée par ma situation, elle se lance d'abord à la recherche d'un avocat français prêt à me défendre. Tâche pour le moins ardue car, à Brive-la-Gaillarde, les juristes spécialisés dans le droit pénal international ne courent pas les rues ! Après avoir consulté un à un tous les cabinets de la ville, elle rencontre Me Nathalie Clarissou, qui accepte de prendre en main mon dossier et de représenter mes intérêts... dans la mesure de ses moyens. En effet, son action est entravée par le fait que seuls les avocats résidant dans les émirats sont autorisés à y plaider. Me Clarissou, de Brive, ne peut donc pas grand-chose pour moi. Mais face au désespoir de maman, elle va déplacer des montagnes.

Dans un premier temps, alors que je suis encore incarcérée, elle se débrouille pour obtenir par téléphone des informations sur mon sort. Où suis-je détenue exactement ? Quelles sont les lois du pays ? Si la procédure est assez simple à comprendre, en revanche il se révèle presque impossible d'obtenir le moindre éclaircissement sur la législation applicable, même via Internet : le seul site susceptible d'aider Me Clarissou est sur le point de voir le jour. Sur le point seulement...

D'après les éléments qu'elle réussit à glaner de-ci de-là, je risquerais de un à quatre ans de prison selon ses sources. Dans ces conditions, difficile d'évaluer sérieusement les risques que j'encours, mais une chose est sûre : je me trouve dans de sales draps.

Maman ne se contente pas d'attendre les résultats des recherches de mon avocate. Elle tient également nos proches au courant, au cas où... La solidarité fonctionne vite. À tel point qu'une de mes amies de Limoges, révoltée par tant d'injustice, crée avec d'autres un comité de soutien. Cette nouvelle me réchauffe le cœur. Même si, à Dubaï, ma situation n'éveille qu'indifférence, à des milliers de kilomètres de là des inconnus se préoccupent de mon sort et se mobilisent pour me venir en aide. Je ne suis donc pas abandonnée de tous.

Maman me téléphone régulièrement, mon

fils ne quitte pas mes pensées, j'ai une avocate et un comité prêts à s'engager. Tout n'est pas perdu. D'autant que ce comité de soutien comme Me Clarissou ne manquent jamais une occasion de parler de mon cas et ne ménagent pas leur peine pour se faire entendre. Peu à peu, la nouvelle de mon emprisonnement enfle et parvient aux oreilles des médias.

On dit parfois que le hasard fait bien les choses... Au moment où je sors de prison, un journaliste de France 3 Pays-de-Corrèze s'installe dans un appartement situé juste au-dessus du cabinet de mon avocate. La coïncidence est trop belle... Me Clarissou s'empresse d'évoquer mon cas et le journaliste accepte de me consacrer un reportage. Immédiatement, d'autres journalistes s'intéressent à mon histoire. Bien sûr il ne s'agit pour le moment que de médias régionaux, mais les petits ruisseaux ne font-ils pas les grandes rivières ? Tant que mon cas n'intéresse que la presse corrézienne, je ne dérange pas grand monde. Mais lorsque *Libération* décide de publier le premier article me concernant dans la presse nationale, la rédaction du quotidien subit des pressions du quai d'Orsay, qui préférerait que ce papier dérangeant ne sorte pas. Heureusement, il existe encore des journalistes courageux et à la conscience professionnelle inébranlable.

Mon comité de soutien à Limoges et Me Clarissou à Brive, qui ont toujours agi bénévolement – grâces leur soient aujourd'hui rendues pour leur générosité –, consacrent dès lors un temps inestimable à gérer les rapports avec les médias. Leur but : diffuser l'information à tous les vents. En France, mes proches sont persuadés que seule une campagne de presse aura le pouvoir de me sauver.

Une campagne de presse... Ils ne croient pas si bien dire. Mon histoire voyage et commence à franchir les frontières pour atteindre le Canada, où un habitant a même traduit un site Internet créé à mon attention par un Français. Ailleurs, la Grande-Bretagne et le Maroc, notamment, prennent le temps de me consacrer des reportages. Le jour où la télévision italienne a évoqué mon problème, le vice-consul de France à Dubaï m'a convoquée sur-le-champ, manifestement outré :

– On m'a téléphoné d'Italie, c'est passé là-bas aussi !

Que croyait-il ? Que les miens resteraient –

comme lui – les bras croisés devant l'injustice flagrante dont j'étais victime ? Bien entendu, toute cette agitation médiatique ne l'arrangeait guère. Il n'était pas dans son intérêt que les agissements peu charitables de la représentation française dans l'émirat soient mentionnés à la télévision à une heure de grande écoute. Pour moi, c'était un peu de baume sur mes plaies. Je me surprenais à croire à l'existence d'une bonne étoile qui, de là-haut, gardait un œil sur moi et m'évitait de sombrer dans l'oubli. Si le silence s'était abattu sur moi comme une chape de plomb, j'aurais disparu pour longtemps dans les geôles émiriennes.

Peu après, une journaliste du *Monde*, Marion Van Renterghem, s'est rendue à Dubaï, où elle a mené sa propre enquête cinq jours durant. Plusieurs confrères locaux se sont ouvertement étonnés qu'elle se déplace pour « si peu »...

– Pourquoi faites-vous tant d'histoires ? Des cas semblables à celui-ci, nous en avons tous les jours !

L'article de Marion Van Renterghem, qui porte un regard plutôt féroce sur la réalité de l'émirat, s'achève sur ces mots : « Dans cette ville hésitante, qui n'en finit pas de se chercher une âme entre la tradition bédouine, la radicalité religieuse et la pointe du moderne, les femmes se taisent. Les repères tremblotent. Mine de rien, l'affaire Touria apporte son petit grain de sel. »

Les appels de ma mère et ses fax me tiennent au courant de cette agitation médiatique. Je lis avidement tous les articles me concernant qui paraissent en France. Si je n'ai pas sombré dans le désespoir, si je n'ai pas commis l'irréparable, c'est parce que je savais que, loin de Dubaï, dans un monde de liberté où les êtres ont le droit de s'exprimer, des voix s'élevaient pour prendre ma défense.

En revanche, sur place, le consulat refusait toujours de m'aider. À entendre ses représentants, il n'existait à Dubaï aucune association à laquelle je pourrais m'adresser. Curieux, tout de même... Lors de mes précédents séjours, il me semblait avoir entendu parler d'une association qui avait organisé une rencontre entre des Français et des Arabes lors d'un dîner de rupture de jeûne, pendant le ramadan. En me renseignant auprès de certains expatriés, j'apprends l'existence de l'UFE – l'Union des Français à l'étranger. On m'indique qu'elle est plutôt de droite. La politique ne m'intéresse pas. Pleine d'espoir, je prends rendez-vous avec son vice-président. Je ne tarde pas à déchanter. Mon interlocuteur se montre plutôt froid et peu soucieux d'écouter le récit de mes mésaventures. Il me demande de relater mon histoire en deux pages environ, pas plus. À l'évidence, je ne suis pas la bienvenue. Pour toute assistance, ce monsieur se borne à me remettre quelques subsides pour mes repas. Il est directeur d'un hôtel mais n'envisage manifestement pas une seconde de m'y proposer une chambre. Il me donne un peu d'argent, c'est tout. Mieux que rien, diront certains. Certes. En relatant ces faits, je ne cherche pas à cracher dans la soupe. Les petites sommes offertes de-ci de-là m'ont aidée à me nourrir correctement et je remercie leurs donateurs.

Cependant, je n'étais pas venue à l'Union des Français à l'étranger pour demander l'aumône mais plutôt pour obtenir une sorte de soutien « affectif ». Seuls deux membres de cette association me l'ont apporté. Une femme, notamment, qui me rendait visite régulièrement et m'emmenait parfois faire une balade au bord de la mer. Son mari, dentiste, me connaissait un peu car j'étais allée le voir à l'époque où je cherchais à valider mon diplôme de prothésiste.

Un jour, cette femme m'a fait comprendre que le maigre soutien financier de l'UFE était sur le point de m'être retiré. Apparemment, il ne restait plus un sou dans les caisses ! Cette explication n'était pas claire. Lorsque j'ai appelé le président pour en savoir plus, ce dernier m'a annoncé purement et simplement que son association ne pourrait désormais plus intervenir en ma faveur.

– Je peux savoir pourquoi ?

– Nous possédons des renseignements sur vos allées et venues lors de vos précédents séjours...

Quelles informations ? Mais inutile d'espérer de lui plus de détails. J'ai su plus tard que le consulat n'avait pas apprécié que l'UFE me prenne sous son aile. La représentation française s'était alors chargée d'éclairer cette association sur les « véritables » activités de sa protégée à Dubaï : la dénommée Touria Tiouli n'était en réalité qu'une prostituée ! Le consulat en avait la preuve. Je n'avais par conséquent plus rien à attendre de l'UFE.

Par chance, entre-temps, l'ADFE – Association démocratique des Français à l'étranger –

avait été informée de mon histoire par des expatriés qui avaient fait fonctionner le bouche-à-oreille. Soucieuse de me tendre la main, la vice-présidente de cet organisme s'est rendue au consulat pour demander mon numéro de téléphone. Non sans mal... Les employés se sont montrés apparemment odieux avec elle, allant même jusqu'à refuser de répondre à ses questions. À force d'insister, elle a fini par obtenir mes coordonnées, puis elle m'a appelée afin que nous nous rencontrions.

Ce premier contact me réconforte. Le courant passe tout de suite entre elle et moi. Je sens immédiatement que sa sympathie n'est pas feinte. Mon histoire la touche et l'émeut. L'association, qui manque de moyens, ne peut m'offrir un soutien financier régulier. En revanche, ses membres ont du cœur et de la chaleur à revendre. Je suis preneuse ! C'est ce dont j'ai le plus besoin. Échanger quelques paroles, avoir près de moi des êtres qui ne me jugent pas mais qui acceptent de m'accompagner avec mes angoisses et mes doutes, cela vaut de l'or.

Lorsque le consulat apprend que l'ADFE a décidé d'organiser une soirée pour récolter des fonds à mon intention, la réaction ne se fait pas attendre. Le président de l'association est convoqué dans les bureaux de la représentation française qui lui ordonne d'annuler purement et simplement la manifestation. Mais, pour l'association, il n'est pas envisageable de céder à ce type de pression. Ses dirigeants me connaissent et me savent innocente.

– Nous n'avons pas à porter de jugement. Tu es une Française en difficulté, nous nous devons de te soutenir, m'ont-ils dit après avoir refusé de se plier aux exigences du consulat.

Toutefois, en raison des pressions également exercées sur les expatriés établis à Dubaï, la soirée n'attire pas foule. Face aux intérêts commerciaux, je ne vaux pas grand-chose. Une quarantaine de personnes se déplace tout de même pour me venir en aide. Butin de la soirée : deux mille dirhams, soit six cent dix euros qui seront versés intégralement à l'hôtel où je réside. À cette occasion, des Français proposent gentiment de me loger, mais je ne peux pas quitter ma chambre tant que la note n'est pas entièrement réglée. Le gérant a en effet accepté de m'héberger à crédit à condition que je règle une partie de ma facture dès que j'en ai la possibilité. Étant donné mon absence de revenus, ma dette grossit à vue d'œil.

Que serais-je devenue, sans le réconfort de l'ADFE ? Même si, en France, ma mère et mon avocate remuaient ciel et terre pour faire avancer le dossier, elles étaient si loin... L'ADFE m'a soutenue quand la solitude se faisait trop pesante et lorsque le consulat tentait de me déstabiliser.

– De toute façon, vous allez prendre deux ou trois ans minimum, me répétait-on lors de chaque visite à cet organisme pourtant censé me soutenir.

La première fois que les représentants de la France à Dubaï ont usé de cet argument choc, j'ai appelé ma mère en larmes. Deux ou trois ans en prison, sans revoir mon fils ? J'en étais malade... Qu'avais-je donc fait de si répréhensible ? De quoi étais-je coupable ? D'avoir porté plainte ?

Le vice-consul m'a toujours laissé sous-entendre que je retournerais tôt ou tard en cellule.

– Même si nous faisons une demande de grâce, vous serez condamnée, insistait-il.

En attendant, je demeurais bloquée sur place. Si au moins on me donnait le droit de travailler en attendant le jugement... Je me tournai une nouvelle fois vers mes amis. Peut-être pourraient-ils m'aider à trouver un emploi ? N'importe lequel. N'importe quelle activité qui me permettrait d'occuper mes pensées et de vivre dignement sans avoir à quémander à droite et de gauche. Seulement, cela supposait de m'employer au noir. Personne n'y tient, pas plus que moi d'ailleurs. J'ai déjà suffisamment d'ennuis ! D'après eux, je suis sur écoute téléphonique, suivie et épiée. Est-ce vrai ? À force de me l'entendre dire, je finis par y croire. Jusqu'à me faire des films. J'ai peur de tout. Le moindre geste, le moindre regard me paraît suspect. J'ai déjà traversé des épreuves très pénibles et voilà que je donne dans la paranoïa. Comment, dans ces conditions, trouver le repos ? Le sommeil me fuit et lorsque je m'écroule, épuisée par des nuits d'insomnie, les cauchemars m'assaillent. Je suis de nouveau poursuivie par mes agresseurs. Partout... Ils sont partout ! Pour ne pas sombrer dans la folie, il m'arrive de rester assise des heures entières près de la réception de l'hôtel, sans bouger, à attendre. Attendre quoi ? Je ne sais pas.

Au début, j'occupais une chambre au premier

étage, mais j'imaginais des hommes escaladant mon balcon pour faire irruption dans la pièce. J'entendais des voix. Je perdais la raison. J'appelais ma mère pour lui hurler que mes agresseurs allaient venir me tuer. Chaque fois que j'apercevais un Émirien en robe traditionnelle dans le hall, je tremblais de la tête aux pieds. Devant mon état de panique quasi permanent, le directeur de l'hôtel, compatissant, a décidé de m'installer au dernier étage afin de me rassurer. J'étais tellement angoissée que des idées suicidaires ont pris le relais. Je voulais me jeter dans le vide. Du septième, j'étais certaine de ne pas me rater. Une fois, j'ai téléphoné à maman pour lui annoncer que je n'avais plus le courage de lutter.

– Il faut me pardonner, je m'en vais...

Mais, au moment de sauter, j'ai pensé à mon garçon que je n'avais pas vu depuis si longtemps. Je me suis ressaisie en songeant qu'il n'était pour rien dans mes malheurs et que ma souffrance ne me donnait pas le droit de faire de lui un orphelin. Cependant, je continuais d'osciller entre des passages à vide durant lesquels je me sentais totalement abattue et les instants où mon agressivité était telle que je me sentais capable de tuer.

Dans le même temps, mes nouveaux amis se mettaient en quatre pour m'entourer. Tous les matins, à sept heures, la vice-présidente de l'ADFE venait me voir avant d'aller travailler pour boire un café en ma compagnie. Elle repassait en fin d'après-midi. La femme du dentiste, membre de l'UFE, continuait elle aussi à me rendre visite et à m'aider comme elle le pouvait en me rapportant de quoi me nourrir chaque fois qu'elle allait faire les courses, par exemple.

Tout le monde me soutenait, me demandait ce dont j'avais besoin. Au sein de l'hôtel lui-même, la directrice des ventes, d'origine syrienne, tentait de me remonter le moral en me répétant sans cesse :

– Tu dois te battre pour récupérer ton passeport. Le consulat ne pourra pas toujours te retenir ici !

Vint le jour où je fus si affaiblie nerveusement que j'acceptai de rencontrer une psychologue, Sylvie de Barnier, recommandée par un membre de l'UFE. Avec elle, j'appris notamment à contrôler ma respiration. C'est incroyable de constater à quel point maîtriser son souffle procure de bienfaits. Mais j'étais trop fragilisée pour récupérer avec quelques séances de sophrologie. Et ma santé s'en ressentait. Sans compter ma myosite qui me jouait des tours et contre laquelle je pouvais à peine me défendre. En effet, les anti-inflammatoires que j'utilisais régulièrement en France étaient interdits à Dubaï. Pour m'en procurer, il aurait fallu qu'un de mes proches se rende à Paris, au ministère des Affaires étrangères, qui ensuite les aurait fait suivre par la valise diplomatique. Trop compliqué et trop risqué. Je n'avais pas d'autre choix que celui de prendre des médicaments qui me soulageaient beaucoup moins bien.

Un jour, alors que mes veines avaient gonflé et que je ne parvenais plus à faire le moindre geste – ni bouger les mains, ni bouger les pieds –, Sylvie de Barnier a dû appeler en catastrophe le consulat.

– S'il vous plaît, faites quelque chose, elle est en train de craquer !

Le consulat m'a envoyée chez un médecin qui, lorsqu'il a su que l'UFE m'avait lâchée, m'a glissé une petite enveloppe à la fin de la visite en me souhaitant de garder courage. J'étais à peine ressortie de son cabinet qu'on l'appela pour s'enquérir de mon état de santé exact. Mais cet homme d'honneur refusa de trahir le secret professionnel. Décidément, le consulat ne laissait rien au hasard... Telle une pieuvre, il s'efforçait de déployer ses tentacules autour de chaque arcane de ma vie.

Mon travail avec Sylvie de Barnier a fait l'objet d'un compte rendu de sa part qui résume assez bien dans quelle tourmente je me débattais alors : « Notre première rencontre a eu lieu dans le cadre d'un soutien psychologique à la demande de l'Union des Français à l'étranger, le 28 novembre 2002. Touria était très angoissée avec une perte totale de confiance en elle, induisant des insomnies ou un sommeil difficile car entrecoupé de cauchemars avec un grand sentiment d'abandon. Je l'ai invitée à un travail de clarification par la parole pour revenir à la réalité des faits et de sa situation actuelle, puis nous avons continué sur un travail corporel, respiration et libération des émotions négatives. Ce dernier s'est révélé très intense et a débouché sur un mieux-être et une réelle envie de vivre... La deuxième rencontre a eu lieu le 5 décembre, Touria était moins anxieuse et essayait de pratiquer elle-même les exercices respiratoires menant à une meilleure qualité de sommeil. La clarification par la parole a permis une grande acceptation de sa situation et un puissant désir de s'en sortir. Touria est une personne très affective et de ce fait hypersensible avec un profond attachement à sa mère et son fils... Notre troisième rencontre a eu lieu le 20 décembre. Sa situation juridique est toujours très difficile. Touria reste positive et a bien compris l'importance pour elle de se concentrer sur sa force intérieure et de ne pas se laisser envahir par des peurs multiples : peur de retourner en prison, peur d'être malade, de se sentir isolée, etc. Aujourd'hui, après trois séances supplémentaires depuis le 20 décembre, malgré un bon équilibre psychologique, la situation de Touria reste préoccupante et je crains qu'à long terme la trop longue séparation d'avec sa mère et surtout son fils amène Touria à un stress trop important et à une mise en danger de sa santé physique déjà fragilisée par une maladie génétique et morale. J'ai, à ce sujet, préalablement prévenu le consulat de France à Dubaï par une lettre manuscrite postée et faxée en décembre 2002. À présent, ma conscience professionnelle, ma solidarité de femme et de Française autant qu'une sympathie réelle pour Touria me motivent à la soutenir, toujours bénévolement depuis le début, dans le cadre de mes compétences de psychologue. »

On me dit que le temps efface les plus douloureux souvenirs. Mais en attendant, comment ne pas souffrir ?

Heureusement, en France, je ne suis pas abandonnée non plus. Les journalistes s'intéressent toujours à mon cas. Ainsi *Libération* titre : « Touria Tiouli, violée et accusée à Dubaï » et insiste sur d'autres cas comme celui de Sarah Balabagan, employée de maison philippine condamnée à mort en 1995 pour avoir tué son employeur qui voulait la violer. Celui encore d'un chrétien libanais condamné à un an de prison ferme et trente-neuf coups de fouet pour avoir épousé une musulmane émirienne. *Le Figaro,* quant à lui, évoque le « calvaire d'une Française retenue à Dubaï ». *Le Pèlerin Magazine* parle du « cauchemar de Touria » et *La Dépêche* annonce : « Violée à Dubaï, elle risque la prison pour adultère. »

Je me serais bien passée de cette modeste heure de gloire mais tant que j'occupe le devant de la scène, c'est le signe qu'on ne m'oublie pas.

En France, les choses bougent donc. À Dubaï, en revanche, le consulat persiste à les faire stagner et à me pousser dans une voie que je refuse de prendre. Leur nouvelle trouvaille ? Me faire changer d'avocat local. Il est vrai que le premier ne m'a pas été d'une grande utilité malgré sa certitude d'avoir tout arrangé. Ne m'avait-il pas affirmé : « Vous ne serez pas accusée de relations sexuelles hors mariage mais seulement de consommation d'alcool... » Délit nettement moins grave, même dans un pays musulman. Il disait avoir rencontré le procureur, mais tout cela n'était que pur mensonge.

Les fonctionnaires du consulat me soumettent une liste d'avocats travaillant avec eux et insistent particulièrement sur Me Ali Abdullah al-Shamsi, lequel avait défendu une jeune femme accusée d'avoir assassiné son patron qui la violait. Je sens bien qu'on me force la main mais je n'ai aucun autre moyen de me défendre. Et puis peut-être que cet homme pourra m'aider ? Qui sait...

Lorsque je le rencontre dans son bureau, mon

nouvel avocat me fait plutôt bonne impression malgré la rapidité de notre entrevue.

– J'ai besoin d'un résumé en dix minutes, m'ordonne-t-il. De mon côté, je vais voir ce que je peux faire.

Fin du premier entretien. Durant une semaine, je n'ai plus aucune nouvelle. J'ai beau l'appeler, impossible de le joindre. Seule sa secrétaire me téléphone tous les matins pour me demander d'avancer au plus vite l'argent réclamé par le cabinet : cinq mille dirhams, soit environ quinze cents euros. Je ne possède pas cette somme. Pourtant, le consulat ne veut rien savoir : à moi de me débrouiller avec ma famille en France. Ma pauvre maman est évidemment incapable de réunir un tel montant. Finalement, c'est mon comité de soutien qui prend en charge ma défense sur le plan financier. Il continue, en outre, à bombarder le consulat de témoignages de personnes qui me connaissent et peuvent se porter garantes de ma moralité. De son côté, mon avocate de Brive déploie des trésors de patience pour expliquer la situation au vice-consul. En vain. Son interlocuteur se montre sourd à ses revendications. Quant à moi, on tente de m'intimider en me jetant à la figure des petites phrases assassines :

– Les conseilleurs ne sont pas les payeurs. Si vous n'arrêtez pas les médias, cela se retournera contre vous ! Regardez ce Français qui ne devait être condamné qu'à six mois de prison. Il a écopé de trois ans... grâce aux médias !

Le doute s'insinue en moi. Et s'ils avaient raison ? C'est de ma peau qu'il s'agit. Et si faire parler de moi compliquait encore un peu plus la situation ? Je ne sais plus très bien où j'en suis. Je change sans cesse d'opinion. J'ai l'impression que le dernier à avoir parlé a raison.

Un jour, je demande à Me Clarissou et à mon comité de soutien de ne plus prendre la presse à témoin. Mais je me rends vite compte de mon erreur car ce revirement ne fait pas bouger d'un iota le comportement du consulat. C'est alors que le bureau de France 2 me propose un reportage. L'occasion rêvée de reprendre du service. Je montre au journaliste chargé de m'interroger mes ordres de mission, les premiers seulement puisque les plus récents ont été saisis par le consulat. Ces documents sont filmés en gros plans. L'interview met en évidence les failles de l'accusation. Je mise beaucoup sur l'impact qu'aura une large diffusion de cette affaire en France mais le sujet n'est pas diffusé. Ordre du quai d'Orsay, paraît-il.

Lequel quai d'Orsay, interrogé par la presse à mon propos, se prononce par l'intermédiaire de son porte-parole : « Nous avons déjà fait beaucoup pour Mme Tiouli et nous continuons à le faire. Il faut se souvenir qu'il y a beaucoup de Français en difficulté à travers le monde, certains dans une situation encore plus difficile. Mme Tiouli est libre de ses mouvements à l'intérieur de Dubaï et dans un hôtel. Je ne dis pas que son cas n'est pas dramatique mais je dis qu'aujourd'hui, en dehors du fait qu'elle ne peut quitter Dubaï, ses conditions de vie sont convenables. Quand j'entends dire que nous n'avons pas assez agi, je suis extrêmement surpris parce que nous nous sommes, au contraire, mobilisés énergiquement dans cette affaire. Notre consulat a obtenu, dans la semaine qui a suivi son incarcération, sa mise en liberté, ce qui, face à la justice émirienne, compte tenu des accusations qui pesaient contre elle et de l'ensemble des circonstances de cette affaire, n'était pas du tout évident. Nous sommes intervenus au plus haut niveau et à plusieurs reprises grâce à Mme Alliot-

Marie [*ministre de la Défense*] et M. Muselier [*secrétaire d'État aux Affaires étrangères*]. Je voudrais que l'on me cite beaucoup de cas semblables et beaucoup d'autres pays qui en auraient fait autant. J'ajouterai un point : contrairement à certaines rumeurs, il n'y a jamais eu de relations de travail entre Mme Tiouli et le consulat de France à Dubaï. »

Jamais eu de relations de travail entre moi et le consulat ? Quelle audace ! Oser l'affirmer alors que j'ai en main les preuves noir sur blanc... Pourquoi cette obstination à nier ? Cette mauvaise foi contribue à me maintenir dans un état dépressif. Qui va-t-on croire ? Est-ce moi qui deviens folle ?

Me Clarissou n'a jamais rien pu obtenir d'autre des autorités françaises que des phrases creuses confirmant le suivi de mon dossier. Elle a appris ensuite, par certains journalistes, notamment ceux de RFI, que le quai d'Orsay, très irrité par la campagne de presse dont j'étais l'objet, voulait éviter le harcèlement médiatique. Une Française établie à Dubaï m'a dit que la conduite du gouvernement était dictée par certains contrats commerciaux signés entre la France et les Émirats arabes.

Que pesait mon viol face à de tels enjeux politiques et stratégiques ?

*
**

La seule personne capable de faire vraiment avancer le dossier est mon avocat émirien. Enfin... l'avocat du consulat, plus exactement, dont le cabinet se trouve comme par hasard dans le même immeuble que celui de la représentation française. Un étage seulement les sépare. Me Shamsi se targue de travailler également pour l'ambassade des États-Unis. Évidemment, je compte peu dans cette stratégie de carrière. Je ne suis qu'un pion parmi tant d'autres.

Me Shamsi semble adopter la même technique que celle du consulat. Lorsque je veux prendre rendez-vous avec lui, il est occupé. Lorsque je lui adresse des messages, il ne répond pas. Je ne peux rencontrer mon avocat qu'en présence du vice-consul, jamais en tête à tête. Un jour, la moutarde me monte au nez. Cette inertie ambiante est épuisante et me pompe peu à peu le semblant d'énergie qui me reste. Marre d'être le dindon de la farce ! Chaque fois que je tente d'agir par mes propres moyens, je finis par échouer dans une impasse. Comme avec ce conseiller juridique que j'étais allée consulter en désespoir de cause et qui m'avait remis une liste d'avocats dépourvus de tout lien avec le consulat. Je pris contact avec l'un d'eux. Soudain, tout parut s'arranger. Mon nouvel avocat appela le tribunal qui lui confirma, à l'aide du numéro de mon dossier, qu'aucun chef d'accusation n'était retenu contre moi. Mon passeport m'attendait même. Mais, en raccrochant, mon sauveur me demanda si j'avais déjà un avocat.

– Oui, Me Shamsi, avais-je répondu, confiante.

– Désolé, mais je suis obligé de le contacter, c'est un confrère, vous comprenez... Je ne peux pas me substituer à lui sans l'en informer.

Confiante, je l'étais tout à coup beaucoup moins.

Le lendemain, l'avocat me rappela avec une mauvaise nouvelle. En fait, le chef d'accusation existait bel et bien. Il y avait simplement eu erreur sur le dossier !

Encaisser de tels revirements de situation est littéralement épuisant. Les coups portés au moral sont terribles. Comme si ça ne suffisait pas, me voilà aujourd'hui affublée d'un deuxième avocat tout aussi inactif que le premier. Le seul moyen de crever l'abcès est de me rendre au consulat. Sylvie de Barnier m'a appris comment maîtriser ma respiration face à l'angoisse, comment réagir afin de m'imposer. Avant, je me contentais d'acquiescer. Cette fois, je me montre ferme.

– Pour moi, Me Shamsi est votre avocat, pas le mien. Je refuse de continuer à le payer. De toute façon, j'ai parlé avec Me Jacques Vergès...

Me Jacques Vergès... L'avocat des causes perdues. L'avocat qui n'a pas peur de dire ce qu'il pense. Je ne l'avais pas encore contacté mais j'ai balancé son nom histoire d'impressionner mon interlocuteur. Le vice-consul pâlit puis s'énerve.

– Vous me menacez ?

Je viens de marquer un point. Pas pour longtemps. Me Vergès, très occupé, n'a pas le temps de s'occuper personnellement de mon cas. Dans le fax cordial envoyé à ma mère, il précise que l'un de ses confrères, présent à Dubaï, se fera un plaisir de représenter mes intérêts. Après avoir rencontré ce confrère, je préfère ne pas donner suite. Il aurait fallu raconter, encore et toujours. Parler des agresseurs, décrire la scène d'horreur, expliquer les agissements du consulat. Bref... repartir de zéro. Je ne m'en sens pas le courage.

*
**

Si Me Vergès ne peut me venir en aide, d'autres personnes s'activent en France. Au mois de janvier 2003, Monique Cerisier Ben Guiga, sénateur représentant les Français établis hors de l'Hexagone, a envoyé une lettre ouverte à Dominique de Villepin, ministre des Affaires étrangères, pour lui manifester sa vive préoccupation : « En tant que femme et parlementaire représentant les Français à l'étranger, j'ai le sentiment que Mme Tiouli est en danger car elle est victime de préjugés qui pèsent sur toute femme ayant subi des violences sexuelles. Comme d'habitude, c'est la victime qu'on accuse d'avoir provoqué le viol, la faute ne pouvant pas retomber sur l'agresseur. L'incrimination de relations sexuelles adultérines retenue par la justice émirienne contre Mme Touria Tiouli en est un exemple dramatique. C'est pourquoi je me fais l'écho des compatriotes que je représente, particulièrement attentifs à la défense des droits de la personne et de l'action de l'État français envers ses ressortissants. Je compte sur vous pour que toutes les représentations diplomatiques possibles soient effectuées auprès de l'émir de Dubaï afin que Mme Tiouli retrouve la liberté. Restant disponible pour toute action de solidarité envers Touria Tiouli, je vous prie d'agréer, Monsieur le Ministre, l'expression de ma très haute considération. »

De leur côté, la Fédération internationale des ligues des droits de l'homme et la Ligue des droits de l'homme interviennent également auprès de Dominique de Villepin : « La FIDH et la LDH appellent les autorités françaises à apporter leur soutien diplomatique et juridique à Touria Tiouli. Nous appelons les autorités françaises à intervenir auprès des autorités émiriennes afin, dans un premier temps, d'obtenir la levée des mesures de résidence surveillée dont Mme Tiouli fait l'objet et son retour en France. Nous demandons également aux autorités françaises de prendre en charge les frais d'hébergement en résidence surveillée et les frais juridiques de Mme Tiouli. Dans un deuxième temps, nous demandons aux autorités françaises d'effectuer les démarches nécessaires pour que la cause de Mme Tiouli puisse être entendue et ses agresseurs traduits en justice. Enfin, nous demandons aux autorités françaises de placer les droits de l'homme au centre de leurs relations, y compris économiques, avec les Émirats arabes unis, en prenant fermement position en faveur du respect des droits fondamentaux tels qu'inscrits en particulier dans la Déclaration universelle des droits de l'homme et la Convention sur l'élimination de toutes les formes de discrimination à l'égard des femmes, qui rappelle que "la discrimination à l'encontre des femmes viole les principes de l'égalité des droits et du respect de la dignité humaine". Certains que vous ne manquerez pas de faire le nécessaire pour assurer le retour en France de Touria Tiouli dans les meilleures conditions, nous vous prions de croire, Monsieur le Ministre, en l'expression de notre haute considération. »

À cette même période, au mois de janvier 2003, s'ouvre le festival de Dubaï avec, en vedette, le groupe français Urban Sax. Soixante-dix musiciens de jazz sont venus m'offrir du chocolat, du fromage français et un peu d'argent collecté. La profondeur du geste va bien au-delà d'un subside et de quelques friandises. À eux seuls, ces inconnus parviennent à raviver en moi la lumière de l'espoir. Ils me donnent la preuve vivante que je ne suis pas oubliée et que des êtres généreux continent de se battre pour ma liberté.

Une pétition en ma faveur a recueilli environ mille signatures, dont celles de quarante-cinq députés européens. Des inconnus m'ont écrit par l'intermédiaire du consulat ou du comité de soutien. Un homme m'a même envoyé un colis avec un foulard en soie et une boîte de gâteaux avec ces mots : « Que font l'État français et le consul général de France ? »

Je sais qu'un jour cette générosité leur sera rendue à tous au centuple.

*
**

Comme si le mauvais sort avait décidé de ne plus s'acharner contre moi, une nouvelle merveilleuse me parvient : je vais très bientôt pouvoir serrer mon fils et ma mère dans mes bras. Un miracle... Le 10 janvier 2003, Me Clarissou fait le déplacement avec eux jusqu'à Dubaï en prévision de la première audience du tribunal – audience ayant pour but de présenter les faits par écrit – qui doit se tenir deux jours plus tard. Le bonheur de revoir ma famille m'émeut aux larmes. Nous venons de passer tant de semaines loin les uns des autres ! Le gérant de l'hôtel accepte d'ajouter deux lits dans ma chambre afin que nous ne soyons pas séparés, mais ces cinq jours passent vite. Trop vite...

Durant son séjour sur place, mon avocate peut s'entretenir avec le consul pour faire le point de la situation quant à mes ordres de mission, notamment, qu'il accepte de lui remettre non sans difficultés. Les documents sont à l'abri dans un coffre-fort camouflé par une grosse armoire. La présence de Me Clarissou l'impressionne-t-elle ? Ou est-ce le fait qu'il réalise soudain que j'ai dû garder en mémoire, sur mon ordinateur parisien, une copie de tous les mails échangés à l'époque où je travaillais pour le poste d'expansion ? Le consul entre dans une colère noire lorsque *Le Figaro* mentionne cette restitution dans un de ses articles. Et pour cause... Cela signifiait qu'il les possédait bel et bien en dépit de ses précédentes dénégations !

Munies de mes ordres de mission, nous détenons à présent les preuves de mes activités à Dubaï. Je me précipite alors chez Me Shamsi :

– Regardez, Maître, vous avez désormais en main la raison de mes différents séjours dans ce pays. Les gens vont comprendre. Enfin on va pouvoir porter un autre jugement sur moi.

– Non, non, ce n'est pas la peine, me répond-il évasivement.

Sur le coup, je ne relève pas cette remarque pour le moins décalée. Je suis tellement soulagée, tellement heureuse d'avoir récupéré ce qui m'appartient... Je n'aurais jamais imaginé, en lui remettant ces papiers – dont il avait soi-disant besoin – les retrouver plus tard de nouveau dans le tiroir du vice-consul ! Me prenait-on pour une imbécile ou cherchait-on à m'enfoncer la tête sous l'eau ? En agissant ainsi, le consulat savait qu'il me serait de plus en plus difficile de tenir le coup. Il n'était pas sorcier de voir dans quel état je me trouvais depuis le début de cette maudite affaire : à bout de nerfs. Alterner les douches chaudes et les douches froides faisait sans doute partie de leur stratégie. Me déstabiliser finirait forcément par me fragiliser. Ils attendaient que j'abandonne.

Abandonner ? Pour rien au monde je n'aurais lâché prise !

La veille de la première audience, Me Clarissou rencontre Me Shamsi qui m'a donné rendez-vous, toujours par le biais du consulat. Ce jour-là, pour la première fois, nous discutons longuement et il accepte enfin de me donner des informations sur le dossier. Je n'ai jamais comparu devant un tribunal et je tiens à ce qu'on m'explique le déroulement de cette audience. Visiblement, deux possibilités s'offrent à moi : plaider le consentement ou maintenir ma version des faits. La première possibilité ne me plaît guère. J'ai déjà suffisamment de mal à m'en sortir. Je ne vais pas en plus me mettre à brouiller les pistes, au risque de ne plus m'y retrouver moi-même.

Cette audience initiale est, en réalité, de pure forme. On vérifie mon identité, celle des violeurs – qui sont présents – avant de décliner les chefs d'inculpation et d'interroger les agresseurs. Reconnaissent-ils les faits ? Réponse négative. Et voilà... Le tout a duré cinq minutes montre en main. Je l'ai déjà dit : ne peuvent plaider aux Émirats arabes que les avocats résidents. Me Clarissou a donc dû se contenter d'observer. En sortant, mon avocate me fait remarquer que la procédure locale semble calquée sur la procédure française. Tous les tribunaux se ressemblent. Mêmes tenues, même toges noires. D'ailleurs, les juges et les avocats émiriens doivent à présent faire leurs études ainsi que leurs stages à Bordeaux, à l'École de la magistrature, après avoir pris plusieurs cours de français dans leur pays. Une différence de taille, tout de même : il n'y a pas de juge d'instruction aux émirats et c'est le procureur qui assure les fonctions dévolues en France à ce magistrat. Ce qui signifie que celui qui poursuit est aussi celui qui instruit. Ou l'inverse. Mais, ce point mis à part, si un tribunal émirien ressemble beaucoup à son équivalent français, ces similitudes ne vont pas au-delà des apparences. Leur façon de raisonner, en revanche, diffère du tout au tout, comme les lois appliquées...

Après l'audience, Me Shamsi nous demande de rester au tribunal car le procureur général souhaite nous voir. Il désire obtenir une entente à l'amiable, paraît-il. Après l'avoir attendu deux heures durant, nous apprenons qu'il ne peut finalement pas nous recevoir. Notre rendez-vous manqué parvient bien entendu aux oreilles du consul qui ne manque jamais une occasion de m'enfoncer :

– Vous savez pourquoi le procureur a annulé l'entrevue ? Parce qu'il y avait des journalistes !

Fadaises... En fait, après notre départ, c'est

le procureur lui-même qui a demandé à voir les journalistes français et les a reçus dans son bureau. C'est dire si la présence de la presse le dérangeait... Il leur a calmement expliqué le déroulement des audiences suivantes, leur a confié qu'il y aurait condamnation pour la forme et que je ne retournerais probablement pas en prison. Il a tenté de calmer le jeu. Pourtant, il n'a pu s'empêcher d'apostropher une journaliste :

– Vous vous croyez où, vous ?

– Comment ça ? a-t-elle répondu, interloquée.

– Ici, il y a des centaines d'histoires comme celles-là, on n'en fait pas toute une montagne.

Si la femme n'a aucun droit, elle n'a évidemment pas celui de porter plainte après avoir été victime d'un viol. Combien de malheureuses subissent ainsi sans mot dire ?

Deuxième audience une semaine plus tard. Là, il s'agit de présenter les faits oralement. Ce jour-là, un seul de mes agresseurs est présent, celui qui a décidé de plaider coupable en admettant avoir eu des rapports sexuels avec moi. À ma grande surprise, Me Shamsi assure brillamment ma défense, clamant haut et fort mon statut honorable de mère de famille. Je n'ai jamais eu d'antécédents et les rapports médicaux prouvent qu'il y a bien eu viol. La présence massive de journalistes français et de la presse locale est-elle à l'origine du revirement d'attitude inattendu de l'avocat ? C'est à n'y plus rien comprendre. Quelques jours plus tôt, Me Shamsi semblait ne pas donner cher de ma peau. Son intérêt à mon égard était quasi nul. Aujourd'hui, il se prend pour Zorro.

À la troisième audience, le jugement tombe : je suis reconnue victime. Enfin, quel soulagement ! Mais comme je commence à comprendre le fonctionnement de la justice émirienne – trois pas en arrière pour un pas en avant – je me garde de crier victoire trop vite. La suite des événements me donne raison. En effet, j'apprends que le procureur général a la faculté de faire appel dans les quinze jours suivant une décision. Une fois encore, il va me falloir prendre mon mal en patience et croiser les doigts. Seule une optimiste invétérée – que je ne suis plus – aurait pu rêver qu'il s'abstiendrait d'user de ce droit...

L'affaire est donc renvoyée devant la cour d'appel une première fois, dans le courant du mois de mars. Je suis appelée à la barre, mais les débats concernent plus le texte du jugement et l'attitude du procureur que les faits eux-mêmes. À la seconde convocation, alors que nous attendons dans les couloirs, mon avocat et moi, un de ses collèges nous rejoint et s'exclame :

– Maître Shamsi, votre dossier est passé !

– Oh, ce n'est pas grave, réplique mon défenseur.

Comment ça, pas grave ? Qu'est-ce que cela veut dire ? Il y a de la magouille dans l'air... Comme par un fait exprès, les journalistes ont d'autres chats à fouetter aujourd'hui et le vice-consul – évidemment – a un rendez-vous urgent. Pourrais-je au moins savoir ce qui s'est dit durant l'audience ? Cela me paraît la moindre des choses. Devant mon insistance, Me Shamsi accepte de se mettre en quête du procureur général. Nous parcourons en vain tous les bureaux pour le trouver, jusqu'à ce que mon avocat me lâche en début d'après-midi afin d'aller chercher ses enfants à l'école. Le procureur ? Disparu, envolé... Quant à la décision qui a été prise, eh bien... Je n'ai qu'à attendre et me faire une raison.

Parfois, je me demande comment je n'ai pas perdu la tête tant j'ai cru toucher du doigt la folie.

Me Shamsi se fait plus insaisissable qu'une anguille. Peu m'importe. Ces derniers mois m'ont appris la patience et la ténacité. S'il se figure que je vais le laisser filer sans avoir de nouvelles de mon jugement, il se trompe lourdement. Rien de pire que le silence. Quand je réussis enfin à le joindre, il se montre affable et me rassure – comme à son habitude – en affirmant que nous irons tous les deux voir le procureur dès le lendemain. Me Shamsi me dit avoir bon espoir. En effet, le consulat aurait pris contact avec le secrétaire de Cheikh al-Maktoum. Pourquoi maintenant ? Mystère... Mais à entendre Me Shamsi, je n'ai plus rien à craindre. Il suffit que je me présente chez le procureur avec mon avocat pour obtenir mon passeport et mon autorisation de sortie du territoire. Tout ceci me semble trop beau pour être vrai. Mais, malgré mes doutes, j'ai terriblement envie d'y croire.

Je retrouve Me Shamsi dans un café car, ce jour-là, son cabinet est en plein déménagement. Il me confirme de nouveau la bonne nouvelle :

– On te rend tes papiers et tu rentres en France !

Cela paraît si simple... Trop simple, surtout lorsque vous voyez votre avocat ressortir blême du bureau du procureur quelques instants plus tard. Pour un peu, il m'aurait presque fait pitié. Tout ce que nous avait dit le consulat s'avère faux. Archi-faux. Le consul n'a jamais pris contact avec le secrétaire du Cheikh et celui-ci n'a jamais téléphoné au procureur. Pour la première fois, je sens Me Shamsi dégoûté par cette succession de mensonges plus gros les uns que les autres. Peut-être réalise-t-il seulement maintenant à quel point le consulat nous trimballe de gauche à droite, telles des marionnettes. Pour ma part, j'en ai pris conscience depuis bien longtemps.

Écœuré, mon avocat me promet de ne pas lâcher le morceau tant que je n'aurai pas récupéré tous mes droits et me lance, comme une promesse :

– Écoute, Touria, c'est ton affaire, c'est mon affaire, oublions le consulat.

Un que je ne risque pas d'oublier, c'est le procureur, tant les audiences se multiplient. Chaque fois je dois être présente et chaque fois il me faut revivre les événements dans les moindres détails... Une véritable torture mentale qu'on m'inflige là. Les agresseurs, impassibles, semblent à peine concernés par les tourments qu'ils m'ont fait subir pendant le cauchemar. Chaque fois la douleur se réveille et les larmes jaillissent.

Je suis devenue une habituée du tribunal dont je connais le dédale par cœur : tribunal correctionnel au rez-de-chaussée et, de l'autre côté, la Cour de cassation et la cour d'appel. Dans la salle, des bancs alignés, une rangée pour les hommes, une autre pour les femmes, avec les avocats en première ligne. Il y a également un box grillagé empli de prisonniers de toutes les nationalités : des Indiens, des Africains, des Arabes, que sais-je encore ? La couleur de leur tenue indique le nombre d'années de prison à purger : jaune, rouge, bleue, selon qu'ils ont écopé de six mois, de dix ans ou de la réclusion à perpétuité... Ceux qui ne parlent pas arabe bénéficient des services d'un interprète. Pour ma part, je comprends ce qui se passe autour de moi. Une chance dans mon malheur, car les traductions se révèlent plutôt sommaires.

Dès que je me présente à la barre, j'ai l'impression d'avoir décroché un mauvais rôle dans une mauvaise pièce de théâtre. Mon avocat – désormais de mon côté – présente sa défense avec de plus en plus d'ardeur, insistant sur les négligences commises au cours de l'enquête ainsi que sur celles du premier procureur. Toujours les mêmes arguments, les mêmes faits disséqués et répétés comme une litanie sans fin. À ma lassitude s'ajoute une crainte : que Cheikh Zayed, président des émirats, ne décède à ce moment-là. La rumeur enfle. On dit que ce vieil homme, très âgé – d'après certaines sources, il serait né en 1908 – n'en a plus pour très longtemps. Sa mort imminente risque d'avoir des répercussions dramatiques pour moi. En effet, si tel est le cas, les administrations – en signe de deuil – seront dans l'obligation de fermer leurs portes un mois durant, bloquant ainsi la lourde machine judiciaire.

Un mois durant... Autant dire une éternité.

*
**

Pour les Occidentaux, un tel hommage peut paraître inconcevable. Mais, en Orient, le respect des dirigeants va parfois jusqu'au culte. Et il faut bien dire que Cheikh Zayed n'était pas de ceux qui laissent indifférent.

Président des émirats, je l'ai dit, il était aussi émir d'Abu Dhabi. Son frère, Cheikh Shakhbut bin Sultan, qui avait occupé le trône avant lui, à partir de 1928, était lui aussi une figure du Proche-Orient. Non content de savoir lire et écrire, il consultait les journaux et écoutait la radio, ce qui, dans cette région et à cette époque, le faisait passer pour un excentrique. Cela n'empêchait pas le cheikh de se méfier de tout ce qui évoquait de près ou de loin l'Occident et le progrès. Il estimait avec sérénité n'avoir aucune raison de modifier le mode de vie séculaire qui avait si bien réussi jusqu'alors à sa famille et à son pays. Il vivait donc comme ses aïeux, entassant consciencieusement ses billets de banque dans des coffres de bois... Car sa richesse était immense, même avant que l'argent du pétrole ne commence à affluer. Un représentant de la Bank of India, convoqué par Cheikh Shakhbut pour venir constater les ravages commis par les souris sur ses beaux billets – inconvénient de cette méthode de thésaurisation archaïque –, nota que l'émir gardait dans ses malles plus de six millions de dollars. Économe de nature, il savait aussi parfois faire preuve d'une largesse tout orientale. Ainsi, au début des années soixante, il fit don de vingt-cinq mille livres sterling au shah d'Iran pour les victimes d'un tremblement de terre.

Ce traditionaliste avait également la réputation d'être tolérant. Tellement tolérant qu'il assista en personne à l'inauguration de la première église catholique d'Abu Dhabi, manifestant un grand intérêt pour la cérémonie chrétienne.

Malheureusement pour cet ennemi du changement, le vent du modernisme ne tarda pas à balayer son émirat. Bientôt le pétrole se mit à couler... De deux millions de barils en 1963, la production grimpa à plus de huit millions en 1964 et à treize millions en 1965. Cette année-là, les revenus pétroliers de Cheikh Shakhbut frôlèrent les quinze millions de livres sterling, qui allèrent rejoindre la fortune entassée dans ses coffres en bois.

Ses conseillers britanniques supportaient de plus en plus mal son refus obstiné de tout projet de développement. Arriva ce qui devait arriver : en 1966, Londres fomenta une révolution de palais à Abu Dhabi. Cheikh Shakhbut fut contraint d'abdiquer et placé manu militari dans un avion en partance pour l'Angleterre tandis que son frère, Cheikh Zayed, était désigné par un conseil de famille pour lui succéder.

À l'inverse de son frère, Cheikh Zayed n'avait jamais appris à lire ni à écrire. Cet homme simple vivait heureux parmi les Bédouins. Gouverneur d'al-Aïn (à l'époque appelé Bouraimi), il « régnait » avec bienveillance sur les six petits villages composant cette oasis et sur quelque six mille âmes – neuf mille l'été, à la saison des dattes. Assis sur un banc, sous le porche de son fort ou sous un arbre à même le sable, le cheikh écoutait les nouvelles du jour : à quel puits telle caravane s'était arrêtée, qui elle y avait rencontré, combien de temps elle avait cheminé avant l'étape du soir... Il recevait aussi les doléances du nomade à qui l'on avait volé des chameaux, ou celles du malheureux dont la femme s'était enfuie.

Un seul sujet passionnait vraiment Cheikh Zayed : la chasse au faucon. Chaque hiver, il s'enfonçait dans le désert pour des chasses d'un mois et l'on pouvait le voir, avant le départ de l'expédition, vérifier lui-même les selles et les cordes des chameaux ainsi que les outres en peau de chèvre et les provisions de vivres – dattes, riz, thé –, avant de se diriger vers les dunes entouré d'une escorte de vingt ou trente Bédouins.

Pendant toutes ces années d'une existence sans relief, il sut s'attacher l'âme de son peuple, dont il incarnait les vertus. Ainsi, lorsqu'en 1952 les Saoudiens, qui revendiquaient depuis toujours l'oasis d'Aal Aini, envoyèrent un petit détachement occuper le fort et tentèrent d'obtenir l'alliance des tribus locales, il refusa de se rallier à eux en dépit du pot-de-vin faramineux – on parle de quatre millions de livres sterling or – qu'une compagnie pétrolière américaine, parrainée par les envahisseurs, lui avait proposé en échange du droit de forer sur ses terres. Cheikh Zayed choisit de demeurer loyal à son frère, l'émir d'Abu Dhabi.

Des années plus tard, devenu à son tour un riche émir, Cheikh Zayed consacra plus de vingt millions de livres sterling à l'embellissement de son village d'al-Aïn. Il pouvait se le permettre car ses revenus pétroliers ne cessaient de s'accroître : cent soixante-quatorze millions de livres sterling en 1971, et plus de deux milliards et demi trois ans plus tard.

Cheikh Zayed veilla toujours à faire profiter ses sujets de cette manne. Il fit don à chaque ressortissant de son émirat d'une parcelle dans le secteur résidentiel de la nouvelle ville, et d'une autre de trente mètres sur trente dans la zone industrielle. Pour les plus pauvres, il fit construire des maisons individuelles qu'il leur remit, entièrement meublées, poste de télévision compris, avec titre de propriété. Quant à ses illustres visiteurs, il arrivait qu'ils repartent avec un chèque d'un million de dollars !

Devenu l'un des grands de ce monde, Cheikh Zayed est resté fidèle à lui-même. Ainsi, ses obligations officielles ne l'ont jamais empêché d'assister, dès que possible, aux courses de chameaux et de chevaux du vendredi avec la même passion qu'il montrait autrefois dans son oasis.

À l'époque de mon procès, son âge lui imposait plus de retenue et il avait dû renoncer à accorder ses audiences en plein désert, sous une tente bédouine.

Pour ma part, je ne redoutais qu'une seule chose : que son décès interrompe brusquement la procédure, le temps du deuil, et ajourne ainsi l'audience qui déciderait de mon sort. Le Ciel entendit sans doute mes prières car le jugement en appel se déroula à la date prévue.

Enfin le jour J arrive. Sur les conseils de mon avocat, je n'assiste pas à l'audience. Je patiente donc en faisant les cent pas devant le palais de justice. Il préfère que je demeure à l'écart au cas où les juges me condamneraient à une nouvelle peine de prison.

Cette fois, je le sais, la plaidoirie de Me Shamsi reposera sur le fait qu'un rapport sexuel suppose l'accord des deux partenaires.

– L'accusée, explique-t-il, a porté plainte car elle n'était pas consentante. Si elle l'avait été, les traces décrites par le médecin après auscultation n'auraient pas existé. Ces traces prouvent son innocence. Lorsque le procureur affirme que ma cliente était consentante, quelle preuve avance-t-il ? Quand quelqu'un porte plainte pour viol, il attend de la justice une protection et non pas une punition. Un des trois agresseurs a tout de même reconnu les faits auprès du procureur. En conséquence, je demande que le dossier soit repris depuis le début avec une enquête approfondie quant au viol mais également quant au kidnapping...

Demande accordée. Me Shamsi se précipite pour m'apporter la bonne nouvelle : l'appel du procureur général est rejeté. Les journalistes arrivent alors de tous les côtés pour me féliciter et m'interroger. L'un deux, qui travaille pour un périodique local, me dit cette phrase touchante :

– Je puis vous assurer que vous êtes vraiment soutenue par la population émirienne. Et pas uniquement des femmes, croyez-moi. Une majorité d'hommes vous approuve.

À Dubaï, à l'inverse de ce que les règles françaises de procédure prévoient, le rejet de l'appel n'apporte pas de caractère définitif au jugement de première instance. Là-bas, le dossier est renvoyé devant le tribunal correctionnel pour une nouvelle analyse des faits. On ne peut donc pas parler de véritable victoire mais plutôt d'un retour à la case départ. Les seuls à se réjouir sont le consul et le vice-consul qui, toujours encourageants, disent qu'il me faudra attendre encore un an au minimum avant le prochain jugement et que je finirai pas être condamnée. Alors seulement les autorités françaises pourront intervenir et introduire officiellement une demande de grâce. Une demande de grâce ? Mais je ne suis pas une criminelle ! Combien de fois devrai-je le répéter ?

Combien de fois encore ?

7

Cruelle liberté

Les tribunaux de Dubaï venaient une seconde fois de me reconnaître victime. Grâce à cette décision, il ne me restait plus qu'à espérer pouvoir enfin quitter cet émirat de malheur pour regagner la France.

De Paris, il paraissait évident que mes ennuis touchaient à leur fin. Cette déduction un peu trop rapide a incité Canal + à envoyer un journaliste pour réaliser un document sur mes derniers jours à Dubaï. Enfin... c'est ce que je croyais. Je n'imaginais pas devoir effectuer la tournée des grands hôtels, ceux où je n'avais évidement pas les moyens de descendre, suivie de celle des souks où je devais mimer l'achat d'un bagage quelconque pendant que le journaliste me posait cette question essentielle :

– Touria, vous vous apprêtez à rentrer. Quel effet ça vous fait, d'acheter une valise ?

J'ai failli en tomber à la renverse. C'était donc tout ce qu'on avait retenu de mon histoire ? J'étais sidérée de constater avec quelle légèreté ce reporter avait décidé de traiter le sujet. Je venais de subir un traumatisme. En était-il conscient ? Croyait-il que mon unique souci était de faire du shopping alors que je ne cessais de me débattre dans les méandres d'une dépression latente ? Croyait-il mes blessures refermées ? Je me fichais pas mal de sa valise et du reste, d'ailleurs. J'avais accepté d'être filmée dans l'unique but de dénoncer certains abus et de témoigner afin que mon drame puisse aider d'autres femmes à dénoncer leurs agresseurs. Pas pour promouvoir la maroquinerie dubaïote. Pourtant, sur le moment, je n'ai rien dit. Je ne voulais pas me montrer désobligeante. Mon interlocuteur a donc continué sur sa lancée.

– Et la célébrité ?

Un coup de poing dans le ventre ne m'aurait pas fait plus d'effet.

– Quelle célébrité ?

– Les médias ne sont pas venus par hasard. S'ils sont là, c'est que vous recherchez la célébrité !

J'étais tellement estomaquée que je n'ai pas su le moucher comme il l'aurait mérité. Je me suis contentée de rétorquer que je me serais bien passée de cette triste heure de gloire. Mais devant la mauvaise foi de ce journaliste et son indifférence face aux problèmes qui m'assaillaient, j'ai décidé de stopper net ma participation à son reportage. Furieux, il m'a aussitôt menacée des foudres du service juridique de sa chaîne. S'il croyait m'impressionner... Me Clarissou a contacté les responsables de Canal + pour confirmer mon refus de poursuivre cette mascarade. Dépité, le journaliste m'a rappelée pour me traiter d'emmerdeuse. Emmerdeuse peut-être... Mais je me sentais déjà plus bas que terre. On n'allait pas, en plus, me faire toucher du doigt le ridicule...

*
* *

J'ai vite oublié cet incident. Dans les moments de doute et de tristesse, seuls les signes positifs méritent qu'on les marque d'une pierre blanche. Comme le concert organisé en ma faveur, le 9 mars 2003 à Paris, par exemple. Un grand concert « en soutien à Touria Tiouli » a été organisé avec des groupes comme Fanfare Express, Les Oiseaux, Miss Mama, 17e Avenue et bien d'autres. De ma chambre, à Dubaï, j'avais l'impression d'entendre les échos de ce gala fraternel. Là-bas, si loin, des gens chantaient et jouaient de la musique en pensant à moi. Comment exprimer le sentiment de chaleur qui m'envahissait alors à la pensée que ces inconnus luttaient à mon côté ?

Malheureusement, je ne comptais pas que des amis. Ceux qui luttaient contre moi s'acharnaient toujours à me mettre des bâtons dans les roues. À Dubaï, le consulat continuait imperturbablement de souffler le chaud et le froid. Un jour on me disait que le dossier se trouvait toujours chez le procureur, que celui-ci s'apprêtait à clôturer l'affaire et me rendre mon passeport et que j'allais m'envoler pour Paris avec Mme Alliot-Marie venue en visite officielle. La représentation française était intervenue auprès de Cheikh al-Maktoum, m'assurait-on, et je n'avais plus qu'à faire mes bagages. Dans l'avion, ma place était déjà réservée. Et puis changement de programme... Mon dossier était retourné au tribunal. Plus question de partir. La raison ? *Libération* aurait prétendument insulté la famille al-Maktoum dans un article ! C'était, du moins, la version officielle.

Les médias, encore et toujours. Une véritable obsession pour le consul et le vice-consul. À les entendre, les journalistes étaient responsables de tout, de mon incarcération, de mon affaire qui traînait, des revirements de la justice... Je soupçonne aujourd'hui les hauts fonctionnaires français en poste à Dubaï d'avoir seulement cherché à se protéger eux-mêmes, à maquiller leurs erreurs, à imposer le silence sur leurs dysfonctionnements : en clair, à cacher leur incompétence flagrante. Mme Alliot-Marie ne m'a pas attendue pour rejoindre la France. Et moi je m'enfonçais chaque jour un peu plus, moralement, physiquement et financièrement.

Je commençais réellement à me demander si cette histoire délirante qui me dévorait prendrait un jour fin. En France, maman continuait de se démener, courant d'un bureau à l'autre, d'un journaliste à l'autre. Pour elle, toutes les pistes valaient la peine d'être suivies. Elle a d'abord écrit à Danièle Mitterrand, qui lui a répondu aimablement qu'elle allait tenter d'intervenir, mais aussi à Bernadette Chirac. Quand l'épouse du président de la République s'est déplacée à Brive, ma mère est allée à sa rencontre pour s'adresser directement à la première dame de France. Mais ma pauvre maman a été écartée sans ménagement par les gardes du corps. Elle a malgré tout eu le temps de lui lancer un appel pour sa fille toujours retenue à Dubaï.

De leur côté, mon avocate dévouée et mon comité de soutien poursuivaient sans relâche leurs actions. Me Clarissou contactait la presse sans discontinuer tandis que le comité réunissait de l'argent pour m'aider à survivre. Sans leur appui financier, j'aurais sans doute peu à peu glissé vers une terrible précarité. Et sans leur soutien moral, j'aurais certainement sombré dans les abysses d'un désespoir dont on ne revient jamais.

En revanche, l'attitude de la communauté musulmane de France m'a profondément déçue. Certains ont ouvertement refusé d'agir en ma faveur. Pire : ils ont laissé entendre que j'avais cherché ce qui m'était arrivé... Quand le patron du restaurant turc près de chez moi, à Brive, a placé des coupelles à l'entrée de son établissement pour recueillir un peu d'argent, beaucoup de ses clients ne se sont pas gênés pour exprimer avec virulence leur désapprobation.

Évidemment, pour les musulmans purs et durs, la femme n'a aucun droit, surtout pas celui de mener une existence propre. Si elle ose entrer seule dans une boîte de nuit, ce ne peut être qu'une traînée. Point final. Il n'y a pas de discussion possible. Pour quelle raison étais-je allée écouter de la musique dans un night-club, non accompagnée, si ce n'était pour « chercher l'aventure » ? Quelle idée aussi de monter en voiture avec trois inconnus ! Je connais ce discours par cœur. Moi, petite Française naïve, je n'ai tout simplement pas compris les codes imposés par les hommes dans un pays prétendument ouvert sur la modernité.

Les Émiriens sont passés un peu trop brusquement à l'ère technologique. Les esprits n'ont pas suivi. En France nous vivons au XXIe siècle, là-bas ils n'en sont qu'au XVe ! En à peine plus d'une génération, ils ont échangé le chameau contre l'automobile, mais n'ont guère intégré tous les éléments de cette nouvelle donne. D'ailleurs, il suffit de voir la manière dont les Émiriens se comportent au volant. Le clignotant n'existe pas, ils doublent de tous les côtés, roulant à tombeau ouvert en dépit des radars... Sur la plus grande avenue, la Cheikh Zayed Road, qui relie Dubaï à Abu Dhabi, des accidents surviennent tous les jours et il n'est pas rare de voir les hélicoptères de secours se poser au beau milieu de la route.

Pour avoir tout ignoré d'une réalité masquée, pour avoir fait confiance à un vernis de civilisation, je suis tombée dans le piège d'un monde encore dominé par la barbarie primitive. Plus question alors de justice ou de respect des droits : l'instinct du mâle cherchant à écraser la femme sous son mépris remonte intact des profondeurs du temps.

*
**

Nous étions à la mi-avril... Six mois déjà que je croupissais dans cette atmosphère irrespirable. Six mois pendant lesquels on n'avait cessé de me répéter de tous les côtés que j'allais récupérer mon passeport. Oui, mais quand ? J'avais tellement entendu cette phrase qu'elle n'avait presque plus de sens. Les premiers temps, bien sûr, je m'accrochais au moindre signe positif susceptible d'indiquer que la situation se débloquait. Survint ensuite une phase de découragement où de toute façon je savais que, tôt ou tard, la promesse d'une éventuelle restitution de mes papiers d'identité s'envolerait en fumée. Du moins mon avocat, Me Shamsi, me soutenait-il enfin véritablement. S'il avait fort bien supporté que l'on se moque de moi, il n'avait guère apprécié qu'on le traite lui aussi comme une quantité négligeable.

C'est pourquoi je lui ai fait confiance, ce mercredi 16 avril 2003. Lorsque je lui ai appris que je venais de recevoir un appel du tribunal qui me demandait de passer prendre ma convocation pour une prochaine audience devant avoir lieu à la fin du mois, il m'a ordonné de ne surtout pas me rendre au bureau indiqué.

– Vite ! Cours chez le procureur, m'a-t-il soufflé au téléphone. Il te donnera ton passeport. Je ne peux pas me déplacer, mais l'un de mes secrétaires sera présent. Fais-moi confiance !

À dire vrai, des informations confidentielles m'avaient déjà redonné espoir. Depuis le début de mes démêlés avec la représentation française à Dubaï, j'avais le pressentiment, pour ne pas dire la certitude, que l'attitude de mes interlocuteurs relevait plus de leur souci de protéger leur carrière que d'une réelle malveillance à mon égard... D'ailleurs, j'avais fait part à plusieurs reprises de cette intuition à maman. Combien de fois lui ai-je répété :

– Tu verras, lorsque les nominations paraîtront au *Journal officiel*, tout s'arrangera !

J'étais persuadée – et nul ne me fera changer d'avis – que chacun au consulat s'attachait à éviter de faire des vagues avant d'avoir obtenu la promotion ou la mutation qu'il escomptait. Et remuer la boue d'une affaire comme la mienne n'embellit guère un dossier...

Je savais de source sûre que ces fameuses mutations avaient eu lieu un mois auparavant, au mois de mars donc, et voilà que comme par magie, alors que mes démarches s'enlisaient chaque jour un peu plus, mon passeport était soudain à ma disposition. Si certains veulent croire au hasard, grand bien leur fasse. Je n'y ai vu pour ma part que la confirmation des sombres machinations que je subodorais.

Quoi qu'il en soit, je n'allais pas m'arrêter à de telles considérations alors que j'entrevoyais le bout du tunnel. Je me suis donc précipitée chez le procureur. J'aurais aimé que le consul ou l'un de ses adjoints m'accompagne, mais lorsque j'ai cherché à les contacter, une secrétaire m'a expliqué que tous se trouvaient en réunion à l'extérieur. Elle-même assurait la permanence et ne pouvait quitter son poste. Sans doute ne fallait-il pas trop en demander...

À mon arrivée au tribunal, j'ai compris que le secrétaire dépêché par Me Shamsi ne me serait pas d'une grande utilité : soudanais, il parlait mal l'arabe. Heureusement que, moi, je maîtrisais cette langue ! De toute façon, au palais de justice, tout le monde était déjà au courant du dénouement de l'affaire. En revanche, il a fallu plus de deux heures de recherches pour retrouver mon passeport.

Je croyais me rendre immédiatement au bureau d'immigration afin d'obtenir mon visa de sortie mais... trop tard ! Nous étions mercredi midi, veille de week-end et, comme dans tous les pays musulmans, les administrations étaient sur le point de fermer. J'ai donc dû patienter jusqu'au samedi matin. Mais que m'importait ? Je n'étais plus à trois jours près ! Prendre mon mal en patience était devenu chez moi une seconde nature. J'avais remporté la première victoire : si je n'étais pas encore véritablement libre, j'avais récupéré mon passeport. C'était déjà beaucoup.

Le samedi matin, je me suis présentée la première au service concerné. Bien entendu, rien ne s'est déroulé comme prévu. J'ai dû courir d'un bureau à un autre, faire la queue pour obtenir un tampon, puis faire la queue de nouveau pour en obtenir un autre, monter à l'étage, redescendre au rez-de-chaussée dans la salle bondée qui abritait le bureau chargé des visas périmés. Un vrai parcours du combattant. Pendant ces heures passées à piétiner en file indienne, la peur ne m'a pas quittée un seul instant. La crainte du petit grain de sable qui viendrait enrayer la machine me nouait les entrailles. À un moment, j'ai vu tous mes espoirs s'envoler : on me demandait de régler cent dirhams, soit trente euros de frais de paperasserie. Je ne possédais pas cette somme, si modique fût-elle. Sans état d'âme, le fonctionnaire a alors repris l'autorisation de sortie qu'il était sur le point de me remettre.

– Débrouillez-vous comme vous voulez !

Mais comment faire ? J'ai d'abord pensé emprunter les cent dirhams à la directrice des ventes de l'hôtel dans lequel je logeais, qui était devenue une amie. Et puis j'ai estimé que le consulat pourrait, pour une fois, manifester un peu sa solidarité envers moi. À cette occasion, j'ai découvert que la représentation française disposait d'une caisse dite « d'urgence » pour secourir ses ressortissants en difficulté. Pour ma part, je n'en avais encore jamais bénéficié... Peut-être n'étais-je pas suffisamment dans le pétrin à leurs yeux ! On m'a tout de même remis les cent dirhams pour régler ma dette auprès du service d'immigration.

Le cœur léger pour la première fois depuis des mois, j'ai téléphoné au vice-consul pour lui annoncer que je détenais enfin le précieux sésame qui me permettait de rentrer chez moi. Il n'a pas caché son étonnement. Pour un peu, je l'aurais même cru déçu d'un tel dénouement.

– Vous n'êtes pas expulsée, alors ? a-t-il insisté.

– Non.

– Vous en êtes certaine ?

Désireux de vérifier mes propos, il m'a priée de passer au consulat afin de jeter un coup d'œil sur mon passeport. Je l'aurais bien envoyé promener mais l'occasion était trop belle de lui dire ce que je pensais de son « soutien ».

– Maintenant que je vais partir, vous allez être tranquille !

– Pas du tout ! rétorqua-t-il. J'ai sur les bras une autre histoire comme la vôtre...

En effet, une Française avait entre-temps vécu un drame similaire au mien. Mais elle n'a pas fait de prison et a pu regagner la France avec la certitude de recevoir des dommages et intérêts. Un peu grâce à moi, sans doute. Les médias avaient suffisamment fustigé le comportement inqualifiable de la représentation française à mon égard pour que celle-ci se sente désormais tenue d'adopter une stratégie plus humaine. J'avais beaucoup souffert et je souffre encore mais cela m'a soulagée de savoir que mon histoire avait fait bouger les choses.

Quant au consul, je n'allais certainement pas le plaindre de devoir faire – enfin ! – son travail...

*
* *

Adieu Dubaï... Adieu procureurs, avocats et consuls en tout genre. Aujourd'hui, je monte dans le premier avion en partance pour Paris. Je vous laisse tous derrière moi après six mois de galère. La joie de revoir bientôt mon pays ainsi que ma famille est indescriptible. Presque irréelle. J'ai attendu cet instant avec tellement d'impatience que je ne suis pas certaine de ne pas rêver.

À peine suis-je arrivée à Roissy, à six heures trente du matin, après huit heures de vol, que mon portable sonne. Le bureau du procureur de Dubaï aimerait savoir pour quelle raison je n'ai toujours pas retiré ma convocation pour l'audience du 27 avril prochain. La situation me paraît soudain comique. Voire grotesque. Les gens ne savent-ils pas que je suis chez moi, en France ? Je suis libre désormais ! S'ils pensent que je vais faire demi-tour... Peu m'importe à présent le harcèlement de la justice émirienne ! Qu'ils aillent tous au diable. Je raccroche le sourire aux lèvres. Pour la première fois depuis longtemps.

Les journalistes de France 3 Limousin m'attendent à l'aéroport. Je réponds rapidement à leurs questions et les remercie avant de prendre l'avion pour Clermont-Ferrand, où m'attend une voiture qui me transportera à Brive. Maman et mon fils n'ont pas fait le déplacement, afin d'éviter des retrouvailles médiatiques.

Enfin arrivée devant l'immeuble, je sonne à l'interphone. Mon cœur bat la chamade. Maman descend m'accueillir. Nous nous embrassons tendrement. Quant à mon fils, je le serre dans mes bras, encore et encore. Je pleure mais, cette fois-ci, mes larmes ne sont plus des larmes de tristesse.

En pénétrant dans l'appartement, je hume avec délices l'odeur du couscous que ma mère a préparé pour fêter mon retour. Elle a emprunté l'imposante couscoussière du restaurant voisin, car nous avons des invités... La porte de la chambre de mon fils s'ouvre tout à coup, laissant s'échapper tous les membres de mon comité de soutien. Extraordinaire ! L'occasion m'est enfin donnée de manifester ma gratitude à ces amis et ces inconnus. À tous je dis combien je leur suis reconnaissante de ne pas m'avoir abandonnée. Puis nous déjeunons ensemble dans l'euphorie la plus totale avant de nous rendre dans un restaurant où nous attendent de nombreux journalistes.

En début de soirée, après cet après-midi agité, une fois que tout le monde est parti, je m'effondre, épuisée. J'ai l'étrange sensation d'être en total décalage avec la réalité. Suis-je vraiment là, auprès des miens ? Ne vais-je pas me réveiller à Dubaï, toujours prisonnière ? Pendant les quatre jours suivants, je reste cloîtrée. Il faut pourtant que je me reprenne. Je ne me suis pas battue des mois durant pour sombrer dans la déprime à mon retour en France. Je me force à sortir avec maman. J'essaie de prendre sur moi, mais l'effort se révèle presque insurmontable.

L'ampleur que mon histoire a prise en France ajoute à mon malaise. J'appréhende le regard des autres. Leur curiosité. Pourtant, les passants se montrent plutôt sympathiques.

Lorsque je retrouverai la force de reprendre une existence normale, je recueillerai des témoignages extraordinaires. Une fois, alors que je me promenais dans Brive, une inconnue s'est approchée de moi et m'a demandé :

– C'est bien vous qui étiez retenue à Dubaï ?

– Oui...

– On vous a suivie depuis le début, vous êtes vraiment courageuse, bravo ! Vous permettez que je vous embrasse ?

Les signes d'amitié continuent de se multiplier. Le 21 juin, pour la fête de la musique, le groupe Urban Sax – qui m'avait déjà soutenue lors de son séjour à Dubaï – annonce qu'il me dédie son concert parisien ! Chaque fois que quelqu'un me tend la main, c'est une étape de plus vers le réconfort.

Oui, les gens sont sympathiques, mais la douleur reste au fond de moi et les cauchemars ne m'ont pas quittée. Je revis la scène du viol, la prison, les passages chez le procureur, les confrontations... Je me réveille souvent en pleine nuit, en nage, tremblant de la tête aux pieds. Mon corps est fatigué, il réclame le repos, mais mon esprit ne veut pas. Certains jours, je demeure chez moi les volets fermés, dans le noir complet. Je ne veux voir personne. Je voudrais dormir, dormir, et par un coup de baguette magique tout oublier. Comme une enfant, il me faut peu à peu réapprendre à marcher. Même encore maintenant, il m'arrive de raser les murs. Car, dans ma tête, tout n'est pas fini.

Il faut que je trouve seule le chemin de la guérison. Il faut que j'affronte seule ma nouvelle vie. Et que je bâtisse seule mon avenir. Ce livre est l'une des étapes de mon apprentissage. Écrire m'a permis d'exorciser une partie du traumatisme. Une partie, seulement... On a bien essayé de me dissuader de témoigner. Une personne qui travaille entre les émirats et la France m'a même transmis une proposition

« généreuse » des autorités émiriennes : le règlement de mes dettes à Dubaï plus mille euros sur mon compte si je m'engageais à ne pas écrire ce livre. J'avais quarante-huit heures pour réfléchir. J'appris, entre autres, que la justice émirienne attendait ma décision pour rendre son jugement sur mon affaire. Je n'ai pas repris contact avec son émissaire. Si j'avais donné mon accord, l'affaire aurait été classée et personne n'aurait été condamné. Qui avait intérêt à me faire taire ? Sûrement les autorités émiriennes, soucieuses de ne pas ternir l'image de vitrine moderne de l'islam. Mais peut-être aussi le consulat de France à Dubaï, désireux de masquer ses coupables dysfonctionnements...

Il y a encore tant de questions que je me pose. Qui me donnera les réponses ?

*
**

Six mois de prison... Six mois de prison à mon encontre ainsi qu'à l'encontre de mes agresseurs. Finalement, le verdict est tombé. J'ai beau être rentrée en France, la justice émirienne continue sur sa lancée. Les juges ont admis implicitement qu'il y avait eu viol, sinon je ne serais jamais sortie du territoire. Mais les trois Émiriens auraient dû écoper d'un minimum de quatorze ans d'incarcération, selon la loi locale. En me laissant partir et en prononçant une peine ridicule à leur égard, les juges ont fait en sorte de ne pas condamner trop lourdement les trois hommes. Après tout, ce sont des enfants du pays, n'est-ce pas ? Je me console en pensant que je suis désormais à l'abri chez moi et que Dubaï n'est pas près de me revoir, quoi qu'il arrive.

On m'a dit que je pouvais faire appel. Ne serait-ce que pour obtenir des dommages et intérêts. Encore faudrait-il que je dispose de moyens suffisants pour intenter une action en justice à Dubaï... Finalement, le côté matériel a peu d'importance à mes yeux. Je souhaite simplement que mon histoire amène une évolution des mentalités et – pourquoi pas ? – des textes de loi.

Alors je n'aurai pas souffert pour rien.

Parfois, je regrette de ne pas m'être vengée. Mes agresseurs n'ont pas assez payé, ils n'ont rien payé. Ah, si j'avais pu rendre œil pour œil, dent pour dent ! J'aurais eu alors une raison valable d'être emprisonnée puis jugée.

Depuis mon retour en France, l'évocation d'abominables « tournantes » dans les banlieues se multiplie. Pour leur défense, les violeurs affirment bien souvent que leur victime était consentante... Faut-il mépriser les femmes pour oser parler ainsi ! Que se passe-t-il aujourd'hui dans la tête des hommes, des hommes musulmans en particulier ? Est-ce là une vengeance contre notre émancipation ? Qu'ils le veuillent ou non, le statut des femmes progresse. Nous étudions, nous travaillons et nous gagnons un salaire. Beaucoup de jeunes filles commencent aujourd'hui à prendre conscience de la terrible soumission dans laquelle on veut les maintenir de force. Le manifeste « Ni putes, ni soumises » en est un bel exemple. Cette rébellion est le signe évident que les musulmanes de France se sentent en danger et cherchent à exprimer leur sentiment de ras-le-bol. Je suis de tout cœur avec elles et les encourage vivement à continuer de se battre pour leur identité, leur intégrité et leur dignité.

Les femmes avancent et cette dynamique irréversible perturbe violemment certains hommes qui cherchent à tout prix à réprimer cette évolution. Est-ce donc là l'objectif qu'ils se sont fixé ? Détruire leurs égales pour les empêcher de bénéficier des valeurs de la démocratie dans laquelle ils vivent pourtant : liberté, égalité, fraternité ?

J'espère avoir donné une voix à toutes les femmes qui n'osent pas porter plainte pour viol et à celles qui acceptent les coups, parfois toute leur vie durant. Le poids du silence est trop lourd à porter. Voilà pourquoi j'ai crié haut et fort ma révolte et mon refus de me laisser traiter comme une moins que rien. Pour éviter que ma douleur ne s'enkyste définitivement. Et pour toutes celles qui n'ont pas eu la chance de se battre.

Aujourd'hui, je vis avec mon fils. Maman occupe un appartement dans le même immeuble que le mien. Je n'ai pas encore trouvé de travail mais je me suis investie dans le bénévolat. Soulager la détresse des autres m'aide à accepter la mienne. Ceux à qui je tends la main me soignent à leur manière.

Ma vie sentimentale, quant à elle, est au point mort, on s'en doute. Avant d'envisager de rencontrer quelqu'un et de reconstruire quelque chose avec lui, je dois d'abord tourner la page. Non pas oublier Dubaï – c'est impossible – mais attendre que ce souvenir se fasse moins obsédant. Aborder le sujet me semble prématuré. Je suis bien trop fragile pour faire confiance à qui que ce soit. On dit que le temps est le meilleur des remèdes ; lui seul saura dire si je suis encore capable d'aimer un homme. Ce dont je doute profondément. Pour le moment, je veux juste vivre simplement.

Anonymement.

REMERCIEMENTS

À ma mère, pour son courage et pour avoir protégé mon fils pendant cette épreuve.

À tous mes amis qui ont créé un comité de soutien, ainsi qu'à tous ceux, célèbres ou anonymes, qui se sont joints à eux.

À mon avocate, Me Nathalie Clarissou.

À l'ADFE (Association démocratique des Français à l'étranger), et plus particulièrement à sa nouvelle présidente.

À Sylvie de Barnier.

Aux médias français, pour leur objectivité et leur persévérance.

Au Secours catholique, qui m'aide à aller de l'avant.

À Huguette, Emmanuel et Corinne.

... Sans vous tous, que serais-je devenue ?

TABLE DES MATIÈRES

Direction littéraire
Huguette Maure
assistée de
Maggy Noël

Composition PCA
44400 – Rezé

Impression réalisée sur CAMERON par

BRODARD & TAUPIN
GROUPE CPI

La Flèche

pour le compte des Éditions Michel Lafon
en mars 2004

Imprimé en France
Dépôt légal : mars 2004
N° d'impression : 23087
ISBN : 2-7499-0070-0
LAF 491